공재광의 진심 기록으로 남기다

도서
출판 행복에너지

초판 1쇄 발행 2018년 3월 11일

지 은 이 공재광
발 행 인 권선복
편   집 한영미
디 자 인 이동준
전 자 책 천훈민
마 케 팅 권보송
발 행 처 도서출판 행복에너지
출판등록 제315 – 2011 – 000035호
주   소 (157 – 010)서울특별시 강서구 화곡로 232
전   화 0505 – 613 – 6133
팩   스 0303 – 0799 – 1560
홈페이지 www.happybook.or.kr
이 메 일 ksbdata@daum.net

값 15,000원

ISBN 979 – 11 – 5602 – 593 – 1

도서출판 행복에너지는 독자 여러분의 아이디어와 원고 투고를 기다립니다. 책으로 만들기를
원하는 콘텐츠가 있으신 분은 이메일이나 홈페이지를 통해 간단한 기획서와 기획의도, 연락처
등을 보내주십시오. 행복에너지의 문은 언제나 활짝 열려 있습니다.

Pyeongtaek

공재광의 **진심**
기록으로
남기다

Contents

Chapter 2.
'원칙주의자 재광 씨'의 10계명

Contents

Chapter 3.
중단 없는 전진, 평택이야기 I

Chapter 4.
중단 없는 전진, 평택이야기 Ⅱ

Chapter 5.
공재광의 생각정리 (기고문 모음)

기록이 행동을
부르기도 하지만
자신을 들여다보는
거울이자
삶의 발자취가
돼주기도 하기 때문이다.

"기록(記錄)은 행동을 부른다."

그리스 선박왕 오나시스가 생전에 한 말이다. 생각과 계획이 아무리 훌륭해도 그것을 행동으로 옮기지 않으면 소용없다는 사실은 새삼스런 일이 아니다. 중요한 것은 행동이고 실천이다.

그러면 행동과 실천의 원동력은 무엇일까? 이 물음에 오나시스는 '기록'이라고 대답하였다. 기록하지 않으면 잊어버리고, 기억에서 사라지면 행동할 수 없다.

필자는 공직에 발을 내딛을 때부터 지금까지 업무를 추진력 있게 이뤄냈다고 자부한다. 행동을 부르는 첫 걸음으로서 기록의 중요성을 일찍 깨닫고 실천해 온 결과이다. 업무와 관련된 것이라면 모두 꼼꼼하게 적어왔다. 듣고, 기록하고, 생각하다 보면 자연스럽게 무엇이 문제인지, 또 어떻게 해결해야 하는지에 대한 답이 보였다. 내게 습관처럼 몸에 밴 기록이 행동을 넘어 문제 해결의 실마리가 되었던 셈이다.

모두가 바쁘다고 입을 모아 말한다. 나 역시 예외일 수 없다. 평택시장으로서 공적인 업무와 사적인 일로 이른 아침부터 늦은 밤까지 일정이 빠듯하다. 그러나 정신없이 바쁘게 돌아가는 일상에서도 기록의 끈을 놓지 않으려고 나름대로 노력해 왔다. 기록이 행동을 부르기도 하지만 자신을 들여다보는 거울이자 삶의 발자취가 돼 주기도 하기 때문이다.

Prologue

기록은 단지 기록에 머물지 않는다. 기록은 내가 서 있는 '현재'의 자리, 실천과 행동으로 변화될 '미래', 지금까지 걸어온 '과거'가 하나로 녹아 있다. 완결적인 한 인격체로서 개인의 기록은 소중하다. 여기에 개인을 넘어 선출직인 평택시장으로서의 기록은 평택시정의 과거, 현재, 미래를 고스란히 평택시민과 함께 공유한다는 점에서 또 다른 의미가 있을 것이라고 생각한다.

이 책『공재광의 진심 기록으로 남기다』는 2014년 7월 1일 민선 6기 평택시장에 취임한 뒤 더 큰 평택을 위해 평택이 미래로 향하는 과정을 담은 기록 모음이다. 흠결이 많음에도 불구하고 용기를 내서 책으로 묶으려는 이유는 순전히 평택 발전을 위해 함께 힘을 모아준 48만 평택시민과 1,800 평택시 공직자의 성원과 노력 때문이다. 이는 어떤 형태로든 기록으로 남겨야 한다는 의무감으로 다가왔다. 평택발전을 위한 모두의 노력과 열정을 빼곡하게 쌓인 서류철 안에만 담아놓기에는 턱없이 부족하다는 생각이 들었고, 무엇보다 평택시민과 공직자들이 함께 웃고 울며 이뤄낸 많은 성과와 후회를 공유하고 싶었다.

동시대를 살아낸 우리가 20년 혹은 30년이 지난 어느 날, 우연히 이 책을 펼쳐보고 "그땐 그랬지!" 하고 미소 짓게 된다면 그것만으로도 충분하다고 생각한다.

책에 담은 대부분의 기록은 흔들리는 차 안에서 적은 것이다. 별도의 기록 시간을 내기 어려운 상황에서 다음 일정으로 이동하는 짧은 시간을 이용한 것이다. 부족한 부분을 보완하고 수정해 보려는 욕심도 냈다. 그러나 부족한 것은 부족한 대로, 원형 그대로 남기는 것이 기록의 참된 가치라고 생각한다.
SNS로 대표되는 디지털 환경은 이동 중에 짬짬이 기록을 가능하게 해주었다. 이를 취합해 한 권의 책으로 묶을 수 있었던 것은 그렇게 지금까지 신앙 고백을 하듯 하루를 정직하게 담아 페이스북에 올린 기록들 덕분이다.

기록은 행동을 부르고, 행동은 변화의 시작이 된다. 하루 24시간이 짧아 아쉬웠던, 쉴 틈 없이 바쁜 일정에서 쓴 미흡한 이 기록들이 부디 평택의 변화와 미래를 여는 디딤돌이 되기를 소망한다.
2018년 3월

평택시장

공재광

Chapter 1.
9급 면서기에서 청와대 행정관까지

01 곡부 공씨가 터전을 잡은 마을, 평택

경기도 평택시 현덕면 덕목리 632번지, 내가 태어나고 자란 곳이다.

경기도 남단에 위치한 평택시는 동쪽은 안성, 남쪽은 충청남도 천안과 아산에 접한 곳으로 그중 현덕면은 충청남도와 경계를 이루며 경기도 최남단에 위치해 있으며 대략 1700년경에 사람들이 정착하면서 마을이 형성된 것으로 전해 오고 있다.

현덕면에는 예로부터 곡부 공씨, 경주 김씨, 여양 진씨, 청주 한씨 등 제법 알아주는 가문들이 살고 있었으며 아산만 방조제가 생기기 전까지는 농업과 어업이 공존했던 전형적인 농촌마을이었다.

아산만 앞바다는 물 반, 고기 반이라고 해도 좋을 정도로 어자원이 풍부해 주민들은 많은 고기를 잡았으나 판로가 마땅치 않아 어업은 경제적으로 큰 도움을 주지 못했으며 대부분 농업에 의지해 경제활동을 해왔다. 그러나 대부분의 농토는 하늘만 바라보는 천수답이었다. 워낙 물이 귀하다 보니 마을 인근 마안산과 고등산에서 흘러내리는 계곡물을 받아 농사를 지을 수 있는 산 아래의 땅이, 평지보다 가치가 클 정도로 척박한 환경이었다.

덕목리(德睦里)라는 지명은 고려 말 문신이자 도교인이었던 어촌(漁村) 공부(孔傅) 선생이 마을에 와서 살면서 그의 높은 덕을 기린 의미에서 유래한 것으로 알려지고 있다.

공부 선생은 고려 말의 대학자인 정몽주, 이색 등과 오랫동안 교류한 분이었는데 조선이 건국하면서 고려왕조에 대한 충절을 저버리지 않고 뜻을 같이하는 학자들과 개성의 두문동에서 은둔생활을 하기도 했다. 이후 공부 선생은 조선왕조에서 벼슬을 하라는 권유를 물리치고 이곳에 내려와 덕행(德行)과 화목(和睦)을 강조하는 생활을 하며 몸소 실천하는 모습을 보였는데, 이에 따라 마을 이름도 '덕목마을'이라 하게 되었다고 전해진다.

현재 덕목리는 5개 행정 동으로 나뉘어 있다. 그중에서도 내가 나고 자란 마을은 덕목마을 가운데 가장 먼저 생긴 마을이라는 뜻에서 자연마을로 원덕목이라고 불리고 있다.

우리 시대 대부분의 농촌 출신들이 그러했듯 나 역시 산과 들을 벗 삼아 자란 평범한 농촌소년이었다. 4남 2녀 중 막내로 태어난 나였지만 가난한 형편에 막내라고 해서 마냥 어리광을 부리는 것은 언감생심. 학교가 파한 후 집에 오면 툇마루에 가방을 던져두고 뒷동산에 올라 쇠꼴을 베어야만 했다.

또래 아이들도 농촌 가정의 사내아이로서 한 몫을 하기 위해 모두들 뒷동산에 모이곤 했는데 딱히 놀거리가 없었던 우리들에게 그 시간은 일하는 시간이면서도 친구들과 어울려 추억을 쌓는 소중한 시간이기도 했다.

공재광 평택시장의 부모님 모습　　　공재광 평택시장의 고향집

쇠꼴을 베는 틈틈이 말 타기, 미끄럼 타기, 나무 올라가기 등의 놀이를 하며 시간을 보냈다. 해가 뉘엿뉘엿 질 시간이면 등짐을 한 짐씩 지고 고갯마루를 넘어 집으로 돌아오곤 했다.

고향마을 뒤편 고등산 자락에는 심복사라고 하는 절이 있다. 신라시대 지어진 절로, 보물 제565호로 지정된 석조비로자나불좌상이 유명해 인근에서 찾아오는 사람이 많은 고찰이다. 일반 사찰의 대웅전에는 대부분 황금색 칠을 한 부처님을 모시지만 심복사에는 석보 불좌상을 모셔두었는데 이는 고려 말에 파주군 모산포에 살던 천 노인이 덕목리 앞바다에서 건져 올린 것으로 전해지고 있다. 특이한 것은 심복사 경내 왼쪽에 곡부 공(孔) 씨의 재실(齋室)인

어촌재(漁村齋)가 있다는 것이다. 어촌재는 800년 전부터 내려오는 공씨선묘(孔氏先墓)를 받드는 재실인데, 절 안에 재실이 있는 까닭은 주변의 산이 우리 곡부 공(孔) 씨 집안 소유지이기 때문이다.

1973년 평택호방조제가 건설되기 이전까지만 해도 아산만 갯벌은 친구들과 뛰어놀 수 있는 최고의 놀이터 중 하나였다. 수업이 끝나면 우리들은 쇠꼴을 베러 가거나 바닷가에서 물장구를 치거나 갯벌에서 조개와 망둥이를 잡으며 마음껏 동심의 세계를 만끽했다.

비록 경제적으로는 넉넉하지 않은 살림이었으나 학원이나 사교육에 대한 부담이 없었고, 상급학교 진학이나 미래에 대한 걱정 없이 친구들과 마음껏 놀 수 있었던 그 시절이 어찌 보면 내 인생에서 가장 순수하고 행복한 시절이 아니었던가 싶다.

나는 어린 시절을 엄친자모(嚴親慈母)의 가풍 속에서 보냈다.

농사를 천직으로 알고 살아오신 아버님은 원칙이 뚜렷하시고 상식에 어긋나는 일은 용납하지 않는 꼿꼿한 분이셨다. 아버님은 비록 배움이 깊지 않으심에도 불구하고 후일 지인의 추천으로 곡부 공씨 종친회 일을 맡아보시는 등 원칙적인 성품 하나로 인정을 받으시기도 했다.

대쪽 같다는 평을 받으셨던 아버지와는 달리 어머니는 매우 소박하고 온화하셨다. 이러한 엄친자모의 조화는 우리 6남매가 가난 속에서도 웃음을 잃지 않고 바른 인격을 형성할 수 있는 토대가 되었다.

02 수원에서 주경야독하다

시골에서 자란 우리들 세대는 학교 성적에 대해 구애받지 않았던 시절이었기에 그 당시 내 또래의 아이들은 공부에 연연하지 않고 즐거운 학창시절을 보낼 수 있었다. 부모님 또한 아이들 성적을 가지고 일희일비하는 분들은 아니셨고, 나 역시 학업을 등한시하지는 않았지만 친구들과 어울리는 것을 마다하는 성격도 아니었다. 대신 아버님의 성실하면서 원칙적인 생활태도와 철학 그리고 어머님이 보여주신 지혜와 애정이라는, 그 어떤 지식보다 더 소중한 자산을 물려받았다.

안중중학교에서 평범한 학창시절을 보낸 나는 안중고등학교에 진학한 이후 세상살이에 조금씩 눈을 떠갔고 진학과 진로에 대한 고민이 시작되었다.

가난한 집안형편에 대학 진학은 꿈꾸기 어려웠고 이러한 집안형편을 핑계로 나 역시 학업에 매진하기보다는 친구들과 어울려 배구 등 스포츠에 몰두하기도 했다. 그렇게 대학 진학을 포기한 채 가방에 문학전집을 넣고 다니며 읽는 것으로 소일하다 졸업을 하게 되었다.

그러나 졸업 이후 일부 고교친구들은 대학에 진학하고 인근 또는 수원 지역의 회사에 취직을 하는 등 나름 자기 갈 길을 찾아 고향을 떠나는 것을 보면서, 나도 새로운 길을 모색하고자 하는 열망이 가득해지는 것은 피 끓는 젊은 이에게 어쩌면 자연스러운 것이었다.

결국 나는 누님이 자취를 하며 회사를 다니고 있던 수원을 향해 무작정 발걸음을 옮겼다. 성인이 되어 이제는 집이라는 안전한 울타리를 벗어나 내 힘으로 스스로의 삶을 개척하고 싶었고, 무엇보다 진학을 하고 싶었던 나는 누님의 집에 머물며 주경야독의 힘든 길을 걷기 시작했다.

당시에는 책, 특히 전집 외판원이 많았던 시절이어서 책 영업사원으로 취직해 낮에는 문학전집을 팔고 밤에는 독서실에서 잠을 자며 입시공부를 했다. 학창시절 문학전집을 독파했던 경험이 책 세일에 도움이 되기도 해 책 외판원 일은 나름대로 안정적인 수입을 가져다주었다.

그러나 문제는 학업이었다. 기초가 부족했고 특히 수학에 약했던 나는 당시 유명한 수학교재인 『수학정석』을 학원선생님께서 칠판에 적으면 처음부터 끝까지 전부 필사하는 방법으로 힘겹게 진도를 따라가야만 했다.

학창시절 공부를 등한시한 결과가 여실히 나타나는 것을 경험하며 소홀했던 학창시절에 대해 돌이켜보고 수많은 후회와 반성을 했던 날들이었다.

나름 열심히 공부한다고 하기는 했지만 역시 쉽지 않았다. 낮에 하루 종일 책을 팔러 다니고 저녁에 독서실에 들어와 밥을 먹은 후 책상에 앉으면 졸음이 쏟아졌다. 차가 없던 시절 종일 걷다시피 하며 외판 일을 하고 나면 저녁에 몸은 파김치가 되기 일쑤였다. 그래서 밤이면 독서실에 자리를 잡고 있기는 했으나 조는 날이 더 많았다.

그러던 중 학력고사 날이 다가왔다. 시험 결과는 예상대로 그리 만족할 만한 것이 아니었다.

성적표를 받아들고 서울에 있는 한 대학의 행정학과에 원서를 접수했지만 경쟁률은 6대 1이 넘었다. 하필이면 면접을 보러 가는 날 눈까지 내려 가까운 거리도 아닌 서울까지 눈을 맞으며 가야 하나 고민 끝에, 나는 면접 장소조차

가지 않고 포기하고 말았다.

눈 때문이라고 스스로를 자위했지만 성적이 부족했고 경쟁률이 상당히 높았던 터에 눈을 핑계로 스스로를 합리화한 것이다.

2차에 다시 원서를 접수하려던 나는 수원에 있는 한 대학의 관광경영학과에 지원했다. 점수는 무난히 합격권에 들었으나 회의감이 몰려왔다. 애초에 나는 행정고시를 목표로 하고 있었다. 그런데 점수에 맞추어 내 뜻과는 관계없는 학과에 지원하는 내 모습을 보니 심한 자괴감이 몰려왔다.

스스로에게 실망한 나는 학창시절 소중한 추억이 담겨 있는 사진앨범을 꺼내 사진을 하나둘 가위로 자르며 주변을 정리하고 산으로 들어갈 결심을 했다. 그리고 누님이 퇴근할 때를 기다리고 있었다.

그러나 이러한 내 모습을 보고 눈물로 호소하며 나를 설득하는 누이 앞에서 계속 내 고집을 부리기 힘들었다. 나는 결국 군대에 가기로 마음먹었다. 어차피 군 생활은 마쳐야 하므로 군대생활을 통해서 마음을 추스르고 제대 후 새로운 마음으로 시작해 보자는 생각이었다.

지금 내가 공직생활을 시작해서 여기까지 온 것도 누이의 덕분이라 생각하며 항상 감사한 마음으로 살아가고 있다. 그 당시 누이가 설득하지 않았다면 어느 산에선가 목탁을 친구 삼아 불심에 정진하고 있지 않았을까 하는 생각도 해본다. 때때로 그 당시를 회상하면 철없던 내 모습이 비쳐 씩 웃고 만다.

한때의 성급했던 판단으로 지금 나에게는 학창시절 추억이 담긴 소중한 친구들과 함께한 사진이 전혀 없다. 두 아들 녀석에게 아빠의 학창시절 사진을 보여주지 못하고 있어 미안할 따름이다.

03 인생의 전환점이 된 군대생활

누이의 눈물바람을 계기로 나는 해양경찰에 지원해서 속초에서 군대생활을 하게 되었다.

요즈음에는 많이 달라졌지만 아직도 많은 사람들이 군 복무에 대해 소모적이라는 시각을 가지고 있는 것이 사실이다. 한창 나이 때에 군대라고 하는 폐쇄된 공간 속에 들어가 집단생활을 하는 것은 개인의 창의력이나 발전 가능성을 가로막는 것으로 생각하기 때문이다. 그래서 우리 사회의 힘과 권력이 있는 사람들이나 그들의 자식들은 여러 가지 편법을 통해 군을 면제받거나 회피하려 하고, 그 사실이 밝혀져 사회적 물의를 일으키는 경우가 적지 않다.

나 역시 대학진학 과정이 내 뜻대로 되지 않은 데다가 별다른 방법이 없기에 일종의 탈출구로 군대에 지원했지만, 결과적으로 군대는 내 인생의 전환점을 마련해 준 소중한 시간이 되었다.

강원도 속초에서의 해양경찰 생활은 기존 군대의 억압적 군대문화와 나쁜 전통에 힘든 점도 있었지만, 이것을 그대로 답습하지 않고 나 자신의 소신대로 적응하려는 노력을 게을리하지 않았다.

내가 당했다고 후임 병들을 괴롭히는 대물림은 하지 않은 반면 위계질서를

속초에서의 군복무 시절

해치는 행위 또한 용납하지 않았다. 군대생활에 적응하지 못하고 힘들어하는 병사들의 고충을 상담해 주기도 했으며, 선임들의 연애편지를 대신 써주는 일도 마다하지 않는 등 군 시절을 의미 있게 보내기 위해 많은 활동을 했다.

넓은 오지랖 덕분에 죽음의 고비를 넘기기도 했다. 어느 추운 새벽 겨울이었다. 부둣가에서 부대원들과 족구를 하던 중 그만 공이 바다로 빠져버렸다. 날은 추웠고 또 바다에 빠졌으니 쉽게 꺼낼 엄두를 내지 못하고 전부 바다만 바라보고 있었다.

부대 선임은 빨리 공을 꺼내오라고 소리 지르는데 아무도 먼저 나서지 않은 채 서로 눈치만 보고 있는 그 상황이 싫었던 나는 무작정 바다로 뛰어들었다. 어림잡아 보니 공이 있는 곳까지는 헤엄쳐 갈 수 있을 것 같았고, 올 때는 공에 의지해 오면 될 것 같았다. 일단 공이 있는 곳까지 부지런히 헤엄을 쳐갔는데 생각보다 바닷물은 너무 차가웠다. 어린 시절 아산만에서 놀며 배운 수영 실력으로는 한겨울에 바다에 들어가는 것은 무리였다.

가까스로 공에 다가갔지만 온몸에 기운이 다 빠져나갔다. 겨울바다에 잘못 들어가면 심장마비에 걸린다는 사람들의 이야기가 떠올랐다. 그러나 다시 돌아오는 방법 이외에는 별다른 방법도 없었기에 오로지 공에 의지한 채 죽을 힘을 다해 헤엄을 쳐 간신히 부둣가로 올라왔다.

어찌 보면 무모하기도 하고 별것 아닌 해프닝으로 치부할 수도 있겠지만, 그곳이 사회든 군대든 이처럼 주어진 환경에서 최선을 다하려는 자세를 가지면 못 할 일이 없다는 것을 느낀 시간이었다.

매사에 최선을 다해 보려는 나의 모습이 상관의 눈에 들었는지 나는 함장님의 추천을 받아 해양경찰대장 표창장을 받기도 했다.

바다에서는 육지와 같이 차선이나 신호등이 없기 때문에 배가 외부에 출항했다가 들어올 경우 부표를 보고 그 위치나 거리를 가늠한다. 그런데 그 부표의 설치가 오래된 경우에는 원래의 위치를 벗어나거나 멀리 떠내려가는 경우도 있었다. 이렇게 되면 원래의 정확한 위치를 알 수 없으니 안전사고의 가능성도 있다는 생각이 들었다. 부대원들과 배를 타고 드나들 때마다 실감하는 것이었는데 이상하게 아무도 그 문제를 지적하는 사람이 없었다.

마침 해양경찰 안에서는 해마다 한 번씩 부대원들을 대상으로 부대 내 개선책이나 좋은 아이디어를 제안하는 제도가 있었다. 내가 설치가 오래된 부표의 문제점과 개선책을 제안했던 것이 부대에서 채택이 되었고 급기야는 함장의 추천을 받아 해양경찰대장 표창까지 받게 된 것이다.

국방부 시계는 거꾸로 걸어놓아도 흘러간다는 병사들의 말처럼 나름 열심히 군 생활을 하다 보니 나도 어느덧 선임이 되었고 제대가 몇 달 남지 않게 되었다. 당시 우리 부대원 중 대학에서 수학을 전공한 후임이 있었다. 근무나 훈련에서 조금 여유가 생긴 나는 틈틈이 그 후임을 통해 2차 방정식과 함수를 배우는 등 학력고사 공부를 계속했다. 하지만 호사다마라고나 할까. 이렇게 수학공부를 하며 제대를 기다리던 어느 날 나에게 청천벽력과도 같은 소식이 전해졌다. 친한 친구의 사망소식을 접하게 된 것이다.

고향마을에는 눈빛만 봐도 서로의 생각을 알 수 있을 정도로 친하게 지내던 5명의 친구가 있었다. 나와 고(故) 허명, 공재찬, 기노헌, 공흥택 등 5명은 모두 초등학교에서부터 고등학교까지 한 마을에서 함께 다니며 형제 이상으로 가까이 지내던 친구들이었는데 군대도 모두 비슷한 시기에 가게 되었다.

이들 5명의 친구 중에 특히 허명이는 머리가 아주 명석한 친구였다. 학교 공부는 물론이고 인품이나 성격, 생활철학 등 동갑내기 친구면서도 존경의 마음이 절로 우러날 정도였으며 주변사람 모두 기대를 많이 하고 좋아했던 친구였다. 그런데 그 친구가 군대에서 불의의 사고로 순직하게 된 것이다.

소식을 들은 나는 큰 충격을 받았다. 그렇게 훌륭한 친구가 먼저 하늘나라로 가다니 도저히 상상이 가지 않았다. 한 친구의 죽음은 나에게 많은 것을 생각하게 했다. '나는 그동안 무엇을 위해 살아왔는가, 그리고 앞으로 어떻게 살아야 하는가?' 군인이라는 제한된 신분이었지만 나는 그때 다짐했다.

'앞으로 사회에 나가서 무엇을 하든 그 친구에게 부끄럽지 않은 삶을 살아야 겠다. 친구의 못다 한 삶까지 내가 두 배로 산다는 마음으로 살아야겠다.'

제대하는 날 가장 먼저 친구가 묻혀 있는 대전 현충원으로 달려가 친구의 무덤 앞에 꽃을 놓으며 친구에게 부끄럽지 않은 삶을 살겠다고 거듭 다짐했다.

지금도 그 친구와 학창 시절과 군 시절에 주고받았던 편지를 고이 간직하고 있다. 비록 친구는 가고 없지만 특별한 일이 없으면 명절 때마다 빠짐없이 그 친구의 부모님을 찾아뵙고 그 친구의 빈자리를 메워드리려 노력하고 있다.

친구야, 많이 보고 싶다….

04 공무원 시작, 평택시 청북면사무소

제대 후 다시 수원으로 돌아온 나는 학업에 대한 꿈을 이루기 위해 또 한 번 주경야독의 생활을 하면서 학력고사를 준비했다 그러던 어느 날 평택에 있는 친구에게서 연락이 왔다. "평택군에서 공무원 시험이 있는데 한번 응시해 보지 그래." 솔깃한 제안이었지만 아직 대학에 대한 미련을 버리지 못하고 있던 나는 선뜻 결심하지 못하고 고민에 고민을 거듭했다. 그러던 차에 문득 독서실에서 같이 공부하던 선배의 조언이 생각났다. 그 선배는 수원의 대학에 다니면서 학생회 활동도 열심히 하곤 했는데, 학력고사 준비에 몰두하는 나의 모습을 보고 인생 선배로서 의견을 말해 주었다.

"서울의 번듯한 대학이 아니면 대학 졸업해도 뾰족한 수가 없어. 오히려 시험 준비한다고 나이만 먹게 되면 나중에 아무것도 할 수 없으니 대학에만 매달리지 말고 신중하게 생각해야 해."

당시만 해도 각종 취직시험에 나이 제한이 엄격했기 때문에 그 선배의 조언은 매우 현실성이 있는 말이었다. 오히려 공무원과 같은 안정된 직장에 들어간 이후 방송통신대학에 입학해서 공부하는 것이 더 현실적일 수도 있기 때문이었다. 기약 없는 주경야독을 하기보다는 9급 공무원으로 일하면서 새로운 기회를 엿보는 것도 괜찮을 것 같다는 생각이 들었다.

마침 그 당시 9급 공무원 시험과목은 내가 공부하는 학력고사 과목과 크게 차이가 나는 것도 아니었다. 또한 행정고시를 염두에 두고 있었던 나였기에 경험 삼아 시험을 보는 것도 나쁠 것은 없겠다고 생각했다.

나는 고향이 평택이라 당시 평택군(現 평택시)에서 모집하는 공무원 시험을 보았고 필기와 면접 등에서 무난히 합격했다. 이후 처음 발령받은 곳은 평택시 청북면 면사무소였다. 청북면은 당시만 해도 평택의 서북부 지역에 위치한 전형적인 농촌지역으로 현덕면에서 북쪽으로 안중을 거쳐 연결되어 있는 지역이다. 쌀 생산과 특수작물 재배가 많은 지역이었으나 지금은 산업단지가 많이 들어와 평택항의 배후도시로 육성되고 있는 곳이며, 아파트 건립 등으로 인구유입도 활발한 지역으로 변모하고 있다.

청북면 근무 시 민원실에서 대민행정을 할 때는 오토바이를 타고 청북면 곳곳을 누비며 마을 이장님들과 허물없는 관계를 맺기도 했다. 그리고 산업계에서 농정업무를 담당할 때는 현장방문을 위한 출장이 많았는데, 이럴 때는 나의 오토바이가 큰 역할을 담당했다. 한번은 현장에 출장 갔다가 길에서 지갑을 주운 적이 있었다. 지갑을 열어보니 거금 125만 원이 들어 있었다.

중학교 시절 5일장에서 2,500원을 주워 학교선생님에게 전달한 경험이 있던 나는 그 시절을 떠올리며 지금 이 돈을 잃어버린 사람은 얼마나 가슴을 졸이고 있을까 생각했다.

돈을 잃어버린 사람은 시골을 방문하며 소를 사서 장날에 되파는 소장수였다. 어렵사리 수소문해 그 돈을 돌려주니 소장수는 감사의 인사를 전하며 담배 한 보루와 2만 원의 사례금을 전해 왔다. 그날 함께 근무하던 면사무소 직원들은 그 사례금 2만 원으로 마련한 부대고기 점심 한 끼로 누구보다 행복한 시간을 보냈다. 비록 식대가 부족해 내 돈 5천 원을 더 내는 바람에 지갑은 가벼워졌지만 그보다 훨씬 더 큰 보람으로 마음은 두툼해진 날이었다.

이처럼 청북면사무소에서의 공무원 생활은 나름대로 즐겁고 성취감도 있었으나 마음 한구석에 남아 있는 학업에 대한 미련은 나의 눈을 더 높은 곳으로 향하게 하고 있었다.

당시 지방의 9급 공무원이라고 하면 흔히 '면서기'라고 하면서 사회적 이미지도 가장 말단 직장이라는 인식이 강했다. 그리고 면서기로 입문하면 결국 면사무소를 벗어나지 못한다는 태생적 한계마저 느껴지는 직급이 지방의 9급 공무원에 대한 사회적 통념이었다. 하루 일과가 끝나는 6시 이후가 되면 국도변 정비와 가지치기 등으로 가외업무도 많았고, 이장님들과 막걸리를 마시고 현장의 민원접수와 의견을 수렴하는 것은 좋았지만 자기계발과 발전을 위한 시간은 만들기 힘들었다. 이러한 감정들이 복합되면서 나는 어느 날 저녁 사표를 써서 담당 계장의 책상에 넣어두었다. 그리고 저녁을 먹으면서 사표를 제출한 것을 아버지에게 말씀드렸다. 그랬더니 아버지는 평소와는 다른 모습으로 불같이 화를 내셨다. 이렇게 중요한 일을 부모와 상의 없이 결정한 나의 경솔한 모습에 화가 나셨던 것이다. 아버지의 호통에 정신이 번쩍 든 나는 새벽에 면사무소로 출근해 계장이 출근하기 전에 몰래 다시 그 사표를 꺼내왔다.

아버지 역시 나의 마음을 모르는 것은 아니었다. 한창 나이에 지방의 면사무소에 갇혀 청춘을 보내야 한다는 그 심정을 당신도 아시고 안타까워하셨다. 그리고 그 이후 이 부분을 해결하기 위해 아버지는 당신 나름의 해결책을 찾으시려고 애를 쓰고 계셨다.

어느 날, 아버지는 나 몰래 점을 보셨다며 "너는 앞으로 이곳 평택을 벗어나 중앙으로 갈 운명이니 너무 조급하게 마음먹지 말고 현재 일에 충실하라는 점괘가 나왔다."라고 말씀하셨다. 아버지로부터 점괘 이야기를 들은 것은 점을 보신 후 한참이 지난 나중의 일이었지만 어쨌든 그 이후 나는 평택에서 나와 더 큰 지역에서 나의 뜻을 펼치게 된 것이 사실이었다.

공재광 평택시장의 젊은 시절

아버지는 74세를 일기로 사랑하는 가족을 뒤로한 채 하늘나라로 가셨다. 점쟁이의 점괘와 아버지의 바람처럼, 고향을 떠나 수원과 경기도청을 거쳐 아들이 중앙부처의 국가공무원이 된 모습을 보시고 눈을 감으셨더라면, 그래서 아버지가 몰래 보고 오셨다는 그 점괘와 바람이 실제로 이루어지는 모습을 확인하고 눈을 감으셨더라면 얼마나 좋았을까.

면사무소에서 근무할 때 사표를 내려다가 아버지의 만류로 그만두었던 기억을 되살리며 다시 한번 아버지를 생각한다.

05 경기도청에서 광역행정을 배우다

청북면에서 공직생활이 한창인 어느 날, 같이 근무하다 수원으로 발령을 받게 된 분을 통해 수원에 구청이 2개 신설된다는 정보를 얻게 되었다. 구청이 2개 생기면 아무래도 새로운 인력이 더 필요하게 될 터였고 학업에 대한 열망이 남아 있던 나에게 수원시는 방송통신대학 지역학습관이 있다는 것만으로도 큰 매력으로 다가왔다. 청북면장님의 적극적인 만류에도 불구하고 나는 자신을 위한 좋은 기회라고 생각하여 수원시 지방공무원 시험을 보았고, 당당히 합격하여 새로운 출발을 하게 되었다.

수원시에서 처음 발령받은 곳은 이의동사무소였다. 내 담당업무는 주로 생활보호대상자를 관리하는 사회복지 업무였다. 이 업무를 통해 소중한 인연을 맺게 되었고 사회복지에 관하여 새로운 눈을 뜨게 되었다. 수원시청에 근무

공재광 평택시장 이의동사무소 근무당시

하며 1989년 3월 방송통신대학 행정학과에 입학하였다. 이미 고등학교 졸업 이후부터 주경야독의 경험을 가지고 있었던 나로서는 비록 공무원의 신분이 었으나 그 어느 때보다 체계적이고 합리적인 커리큘럼과 강의 프로그램에 맞 추어 열심히 공부했다.

그러던 중 나는 경기도청 전입시험에 도전하여 합격하였고, 1992년 4월부터 경기도청에서 새로운 업무를 하게 되었다. 행정단위의 가장 기초가 되는 면 소재지에서부터 구청과 시청 등으로 자리를 옮기는 동안 업무의 폭이나 그 대상은 한층 넓고 깊어졌다. 이는 그 단위나 조직의 규모에 따라 업무의 비중 이나 중요성의 경중을 말하는 것은 아니다.
모든 단위의 조직은 그대로 고유의 의미와 중요성을 가지고 있다. 그러나 조 직을 옮겨가며 일을 해나가다 보니 그전에 몰랐던, 혹은 미처 생각하지 못했던 부분들을 많이 보고 깨달을 수 있게 된다는 점에서 장점으로 작용하는 것 같았다. 구청과 시청에서 주로 동 행정에 대한 평가, 반상회 업무를 보던 나는 도청으로 옮기면서 총무과 근무를 통해 도정업무 전반에 대한 기본부터 익혀나갈 수 있었다.

그 이후에는 총무과에서 승진해 도로관리사업소에 근무했는데 당시는 북한 김일성 주석 사망, 삼풍백화점 붕괴 등 국내외적으로 대형 사건사고가 자주 일어나던 어수선한 시기이기도 했다. 나는 도로관리사업소에서 업무계획 수립과 인사 등의 업무를 총괄했다. 그러던 중 국내 처음으로 4대 지방선거를 치르게 되면서 1995년 1월 선거지원단을 구성하는 데 핵심인력으로 차출되었다. 우리나라의 지방자치가 체계적이고 본격적으로 시행된 것은 그 역사가 얼마 되지 않았다. 그러나 지방자치와 관련된 역사적인 제도는 아주 오래전부터 있어 왔는데, 고려시대의 사심관 제도나 조선시대의 향청, 향약, 그리고 갑오경쟁기의 향회제도 등을 들 수 있다.

근대 이후 우리나라의 지방자치 역사상 최초로 완전한 자치의 형식을 취한 것으로 평가받는 것은 1960년 4·19혁명 이후 출범한 장면 정권이 1960년 11월 1일 전면직선제를 골자로 하는 지방자치법 개정안을 확정하면서부터라고 할 수 있다. 이에 따라 그해 12월 처음으로 서울특별시와 도의회선거, 시·읍·면장 선거 및 서울시장과 도지사 선거가 실시되었다. 3회까지 실시된 이후 30여 년 동안 중단되었던 지방자치단체 선거는 1992년 문민정부 출범 후 김영삼 정권의 '95년 단체장 선거 실시' 선거공약에 따라 1994년 3월 4일 지방자치법이 국회에서 통과됨으로써 부활의 날개를 펴게 되었다.

1995년 6월 27일 실시된 4대 전국동시지방선거(광역 및 기초자치단체장과 광역 및 기초의회의원 선거)는 지방단체장과 의회의원들을 선출하는 온전한 지방자치제 실현을 위한 선거로서 그 의미가 매우 큰 것이었다. 이렇게 중요한 선거인 만큼 공명선거를 위한 제도적 장치는 물론이고 일반 국민들에게도 선거 참여와 혼탁선거 방지를 위한 홍보와 제도는 매우 필요한 일이었다.

나는 선거를 6개월 앞두고 구성된 선거지원단에 차출되어 공명선거 캠페인을 비롯한 선거지원 업무를 수행하게 되었다. 당시 처음으로 4개의 선거(광역단체장, 기초단체장, 광역의원, 기초의원)를 한꺼번에 치르다 보니, 각 선거마다 관련 법령의 정비, 시·군·구의 역할과 권한을 비롯한 법적 문제 등이 동시다발적으로 쏟아져 나왔다. 선거지원단은 이러한 문제점을 파악하고 실전에 문제가 없는지 미리 준비하고 해결함으로써 공명선거가 이루어지도록 최선을 다했다.

6개월간의 선거지원단 업무를 무사히 마치고 내가 다시 발령받은 부서는 자치행정과였다. 여기서는 주로 조직관리계에서 일하면서 시·군·구의 조직을 신설하거나 조정하는 등의 업무를 담당했다. 그동안 구청이나 시에 머물렀던 나의 행정경험은 이때부터 경기도 전체를 바라보며 광역행정에 대한 안목을 키울 수 있게 되었다. 31개 시·군을 접하게 되면서 자연스럽게 시야가 어느 한 지역에 머물지 않고 전체를 바라보며 비교 분석하고 종합해 내는 역량과 식견을 키울 수 있었던 시기였다. 특히 내 고향 평택에 대해서도 객관적인 자료와 시각을 가지고 냉정하게 장단점을 평가함으로써 진정한 애향심을 가지게 된 소중한 시간이었다.

06 면서기, 국가공무원이 되다

자치행정과의 선거지원단 업무를 마치고 나니 자치행정과의 조직관리계로 발령이 나 있었다. 조직관리계에서 시·군·구 조직 신설과 조정 등의 업무를 담당하던 나는 얼마 후 내무부(현 안행부) 파견을 지원했다.

도에서 업무를 익혀 왔던 나로서는 이제는 좀 더 시야를 넓혀 중앙행정을 배우고 싶었던 것이다. 1년 기간이었던 내무부 파견 지원에 대해 주변의 많은 사람들이 만류했다. 과거 시장이나 군수를 관선으로 임명할 당시만 해도 내무부 파견근무를 거쳐 국가공무원이 되면 장래가 보장되었다. 곧 시장, 군수가 보장되는 것이었다. 그러나 1994년 지방자치법이 국회에서 통과되고 이후 민선으로 자치단체장을 선출하게 되면서 내무부 파견이나 근무는 그리 인기가 많지 않았다. 더욱이 파견근무는 조직의 낯선 행태 등으로 지원자가 없던 시절이었다.

그러나 나는 그러한 낯섦이 두렵지 않았다.

비록 남들처럼 든든한 인맥이나 학맥이 받쳐주지는 못했지만 지난 세월 동안 여러 부서를 오가며 근무해 본 경험을 통해, 본인의 의지와 노력으로 본연의 업무에 성실히 임한다면 웬만한 어려움은 극복할 수 있다는 확신이 있었기 때문이다.

1997년 11월 나는 내무부 자치제도과로 파견되었다. 자치제도과는 그 규모만 달랐을 뿐 내가 경기도 조직관리계에서 일하던 업무와 성격이 비슷했다. 주로 시·군·구 행정구역 경계를 조정하고, 동을 신설하거나 시 승격 등을 담당하는 업무였다. 처음으로 접하는 중앙행정이기에 더욱 최선을 다하리라 다짐하고, 자그마한 월세방을 얻어 때 아닌 자취를 하면서까지 지방공무원으로서 국가공무원에 뒤지지 않기 위해 노력했다. 특히 매식비가 없어 자비로 저녁을 도시락으로 먹던 일, 숨 막힐 정도로 비좁은 사무공간, 폐쇄적인 조직문화, 지방공무원들에게 보이는 국가공무원들의 우월적인 갑의 지위 등을 경험하면서 때로는 회의감이 들기도 했다.

중앙행정의 업무능력을 익혀가며 이제는 적응이 되었다 싶을 즈음, 1년이라는 파견기간이 지나 원래 소속인 경기도로 복귀하게 될 시점이 다가왔다. 파견 나온 사람들 중 복귀시점이 되어도 복귀하지 않고 파견부서에 전입을 요청하는 경우가 간혹 있었기에 파견부서에서는 파견자를 선발할 때도 매우 신경을 쓰는 편이었다. 그러나 나는 원래 중앙행정을 배우고 경험하려는 목적이 확실했기 때문에 자신 있게 담당자에게 원대복귀를 약속하고 파견 나온 것이었다. 당연히 담당자에게 복귀하겠다는 의사표시를 했다. 그런데 공교롭게도 복귀시점이 다가오던 당시는 대통령 소속 제2건국위원회가 발족될 무렵이었던 터라 이에 대한 전문인력이 필요했고, 때마침 나를 신뢰하고 계셨던 국장께서 내게 제2건국위원회에 근무할 것을 제안했다.

민관 합동의 개혁 총괄기구 성격을 가지고 있었던 제2건국 범국민추진위원회는 IMF 이후 어려움에 처한 대한민국의 위기를 국민의 힘으로 극복하고 21세기 민족의 미래를 새롭게 개척해 나간다는 취지로 발족했다. 1998년 10월 2일 정식 출범과 함께 나는 제2건국위원회로 전입되어 예산을 비롯한 행정지원과 회계, 위원회의관리 및 운영 등에 관한 업무를 담당하게 됐다.

제2건국위원회 근무로 인해 지방직 공무원에서 내무부 국가직 공무원으로 신분이 변화되었으며, 얼마 지나지 않아 7급에서 6급으로 승진도 하는 겹경사를 맞게 되었다. 원래 지방직 공무원이 국가직 공무원으로 전입하려면 전입시험을 비롯한 여러 가지 절차를 밟아야 한다. 하지만 나는 그러한 절차도 거치지 않고 바로 국가직 공무원으로 전입되는 행운이 따랐다. 나를 인정해 준 상관의 배려와 운도 어느 정도 작용했기 때문이리라.

어느 부서에 가든 나름대로 최선을 다했다고는 생각하지만 그것은 어디까지나 나만의 생각일 수 있다. 사람에게는 자기 자신의 능력이나 노력 이외에도 일정부분 운이 따라야 한다고 하는데, 그런 면에서 나는 인덕과 함께 관운이 매우 좋았다고 생각한다.

제2건국위원회에서의 업무를 잘 마친 나는 이후 지방행정연수원으로 발령이 났다. 지방행정연수원은 우리나라 244곳 지방자치단체의 30만 지방공무원을 대상으로 한 대표 교육기관으로서, 1965년 창설 이후 오랜 기간 동안 지역발전과 현안해결에 기여할 수 있는 특화된 지방공무원 교육역량을 축적해왔다. 1965년 설립 당시 서울 쌍문동에 있던 지방행정연수원은 1978년 수원으로 이전해 35년 동안 수원에 있었으나 2013년 7월 전북 완주의 혁신도시로 이전했다. 당시 내무부 산하기관으로 수원시 장안구에 있었던 지방행정연수원에서 나는 기획과 예산을 담당하며 교육교재와 홍보물 등을 기획하고 제작하는 업무를 담당했다.

지방행정연수원의 근무를 마치고 행정자치부(현 행정안전부) 기획예산담당관실로 발령이 났다. 내가 맡은 업무는 국회와 관련된 분야였다. 주로 국회의원 회관을 방문해 보좌관들이 요구하는 자료제공과 업무협의 등의 국회의 업무를 지원하면서 행정안전부의 현안을 설명하는 등 국가공무원으로서 국가행정을 수행하는 업무를 했다.

07 행정 전문가로 인정받다

1) 경기도지방공무원교육원 교육팀장

행정안전부에서 경기도지방공무원교육원 과장으로 발령을 받게 되었다. 그런데 경기도 직원들은 나의 발령에 반대가 심했다. 당시 지방의 사무관은 계장이었는데 교육원 과장직위 중 한 자리가 국가직인 행정사무관이 가는 과장직위가 있었다. 그렇다 보니 경기도청 내 지방사무관 일부 선배들은 거부감을 가질 수밖에 없었다. 이러한 우여곡절 속에 나를 받아준 지사님이나 부지사님, 국장, 과장, 특히 인사업무를 담당하셨던 계장님께 얼마나 송구한 마음이 크겠는가. 나는 사무관 교육 종료와 함께 지방직 사무관으로 전환하고 한국지방행정연구원으로 파견을 가게 되었다. 당시 부지사님께서 임명장을 주시고 집무실에서 차 한잔하시면서 "공 사무관은 조금 있다가 다시 중앙부처인 행정안전부로 갈 것이니까 이해하라."고 위로의 말을 전하기도 했다. 그래도 좋은 마음에 짧은 기간이지만 경기도 교육원에서 과장으로 재직하는 동안 알고 지냈던 동료들은 여전히 소중한 기억으로 남아 있다.

2) 지방행정연구원 행정과장

지방행정연구원은 지방자치의 항구적인 정착과 발전을 위해 창의적이고 실천적인 조사와 연구 및 정책개발을 추진하는 행정자치부 산하기관이다. 급변하는 행정환경 변화에 대한 지방자치단체의 능동적인 대응을 지원하기 위해 1984년 9월 전국의 시·도 지방자치단체가 함께 발의, 출연해 설립했다.

나는 이곳 지방행정연구원에서 2년간 행정과장으로 근무하면서 연구원 예산에 대한 조정과 지방행정 육성에 관련한 법률개정을 통해 연구원이 국가지원의 예산을 받을 수 있도록 노력했다. 연구원 설립은 애초 지방자치단체의 출연으로 이루어진 것인데 주기적으로 자치단체나 정부(행정자치부)의 지원금 출연이 이루어져야 한다. 그러나 지속적인 지원금 출연은 현실적으로 어려움이 많았고 그래서 나는 보다 근본적인 해결책을 찾고자 노력했다. 그 결과 지방행정연구원 육성법에 대한 법령개정을 주도해 연구원에 국가예산이 지원될 수 있는 터전을 마련했다. 이밖에도 연구원 설립 20주년 등 기념할 만한 행사가 있는 시기에는 연구원 직원들이 정부로부터 표창을 받을 수 있도록 제도적 장치를 마련하기도 했다.

3) 자치경찰제 실무추진단

지방행정연구원에서 2년 동안의 파견생활이 끝나자 나는 다시 행정자치부장관 소속의 '자치경찰제실무추진단'에서 근무하게 되었다. 자치경찰제도는 지방분권화에 걸맞은 주민자치를 실현한다는 차원과 치안서비스를 질적·양적으로 향상시킨다는 차원, 그리고 경찰 권력의 집중을 방지하고 주민을 지향하는 경찰상을 정립한다는 차원에서 그 도입의 필요성이 꾸준히 제기되고 있었다.

특히 1980년대 이후 자치경찰 도입관련 추진논의가 활발하게 진행되었고, 참여정부 대선공약으로 자치경찰 도입이 내세워짐으로써 정부 차원에서 자치경찰제 도입과 관련한 조사가 본격적으로 시작되었다. 이러한 다양한 노력 끝에 2004년 1월 16일 국정과제로서 분권의지에 대한 대국민 약속으로 지방분권특별법을 제정했고, 이 법을 통해 자치경찰제의 도입을 명문화했던 것이다.

나는 '자치경찰제실무추진단'에서 활동하면서 자치경찰의 CI와 제복 등의 초안을 마련하는 데 참여했고, 그 결과물은 제주특별자치도의 자치경찰에 활용되고 참고가 될 수 있도록 뒷받침하는 역할을 수행했다. 자치경찰제도는 경찰의 조직이나 작용의 근원을 지역주민이 형성한다는 즉, 민주주의의 본질을 보다 명확하게 나타낸다는 점에서 지방자치제도와 더불어 풀뿌리민주주의를 실현하는 필수적인 제도라고 할 수 있다.

4) 주민생활서비스 혁신의 전도사

자치경찰제실무추진단에서 파견근무를 마친 나는 행정자치부의 주민서비스혁신추진단으로 발령을 받게 되었다. 주민서비스혁신추진단은 읍면동, 시군구 지역의 주민생활과 밀접한 서비스를 원활하게 제공하기 위한 전달체계의 혁신을 추진하기 위해 행정자치부의 한시적인 기구로 발족되었다.

주민서비스혁신추진단에서 주요과제로 삼았던 주민생활 지원서비스는 저소득·취약계층에 제공하는 좁은 의미의 복지·보건뿐만 아니라, 고용·주거·평생교육·생활체육·문화관광 등 주민 삶의 질 향상을 위해 제공되는 모든 서비스를 포괄하는 의미였다. 2005년부터 정부는 '지역주민통합서비스 제공체계

구축방안'을 수립하고 2006년 주민생활서비스 전달체계 혁신업무를 행정자치부에서 총괄 추진하는 것을 결정했다. 혁신업무의 요지는 민·관 협력네트워크 구축과 민간자원의 효율적 활용으로 참여복지를 실현하며, 신속한 민원처리와 양질의 서비스 제공으로 행정의 효율성 극대화에 두었다. 이러한 목표를 실현하기 위해 정부는 주민서비스혁신추진단을 한시 기구로 설치해 운영하기로 했고, 나는 이곳에서 조직개편, 지자체 공무원 교육 등 활발한 활동을 전개했다.

5) 동사무소 명칭, '주민센터'로 탄생한 비밀

2007년 7월, 주민생활지원서비스가 본격적으로 시행되었다. 2005년 2월 '사회복지전달체계개선방안' 수립 이후 사회안전망 구축을 위해 행정자치부와 관계부처가 범정부적으로 추진해 온 '주민생활지원서비스 전달체계 혁신'은 2006년 7월 53개 시군구를 대상으로 1단계 시범사업에 착수했고, 2007년 1월 2단계로 129개를 추가했으며, 2007년 7월부터는 나머지 50개 시군구를 포함한 전 지역에서 시행에 들어가게 되었다.

읍면동의 기능이 주민생활지원서비스 중심으로 전환됨에 따라 주민생활지원서비스 혁신이 완료된 도시지역의 동사무소 명칭도 변경하기로 했다. 이는 기존의 '동사무소' 명칭이 새로운 기능과 역할의 변화에 어울리지 않고, 동의 기능 또한 통합서비스 제공기관으로 탈바꿈한 사실을 주민들이 잘 모른다는 지적에 따른 것이다.

'주민생활지원서비스 전달체계 혁신' 사업이 무사히 마무리되면서 나는 다시 동사무소 명칭변경에 대한 실무를 담당하게 되었다. 명칭변경을 위해 우선 해당분야 전문가로 구성된 명칭선정위원회를 구성하고 공청회, 언론간담회 등을 통해 다양한 의견을 수렴했다. 그리고 일반국민, 공무원, 전문가, 정책고객 등 18,000여 명으로부터 명칭변경에 대한 여론조사 등을 통해 폭넓은 의견수렴 절차를 거쳤다. 나는 실무책임자로서 당시 언론과의 인터뷰에서 "앞으로 동사무소는 단순한 사무행정 처리기관에서 벗어나 주민들의 생활과 밀접하게 연계해 삶의 질을 높일 수 있는 역할을 맡게 될 것인 만큼 '사무'라는 특정분야에 한정되지 않는 새로운 이름이 필요하다."고 강조했다.

2005년부터 사회복지 전달체계에 대한 개선방안을 마련하면서 읍면동의 기능은 복지, 문화 등 8대 분야의 주민맞춤형 통합서비스를 제공하는 것으로 개편에 착수해 2007년 7월 개편이 마무리되면서 동사무소 명칭도 새로운 성격에 걸맞게 '주민센터'로 변경된 것이다.

08 청와대 민정수석실 발탁

1987년 8월 처음으로 평택시 청북면에서 면서기 일을 시작한 이래 나는 수원시청, 경기도청 등으로 옮겨 다니며 하루 24시간이 모자라다 느낄 만큼 바쁘고 숨 가쁘게 달려왔다. 오직 본연의 업무에만 충실하기에도 부족했기에 다른 것은 생각할 겨를조차 없었던 시절이었다. 흔히 말하는 변변한 인맥이나 학맥, 지역연고 등을 내세울 것도 없는 형편이기도 했지만 나는 체질적으로 그러한 것을 앞세우거나 매개로 삼은 진로와 승진은 기대하지 않았다. 그저 주어진 일에 최선을 다하다 보면 언젠가는 주변사람들도 알아줄 것이고 그렇게 인정받는 것이야말로 진정한 나의 힘이요 가치라고 생각했기 때문이다.

주민생활지원서비스가 본격적으로 시행되면서 나는 17대 대통령 인수위원회에 파견되었다. 인수위원회 행정실에서 행정지원 업무를 담당하게 된 나는 각 분야별로 폭넓게 분포되어 있는 인수위원들이 아무 불편함 없이 인수위 본연의 역할에 충실할 수 있도록 제반 여건을 지원해 주는 업무를 담당했다. 인수위에서의 업무를 마친 나는 다시 행정안정부 인사기획관실로 발령이 났다. 인사기획관실에서 1년 동안 근무한 다음에는 행정안전부 장관 비서관으로 발탁됐다. 이달곤 장관은 매우 소박하고 합리적인 리더십의 소유자였다. 행정부 안의 직원들을 항상 신뢰하셨는데, 나 또한 분에 넘치게 장관님에게 많은 신임을 받았다. 나 자신도 장관님의 기대에 어긋나지 않으려고 최선을 다해 일했고 그런 나를 장관님은 '공 프로'라는 애칭으로 불러주시기도 하셨다. 1년 6개월간의 장관비서관 생활을 마친 나는 약 8개월간 한국지방행정연구원의 정책연구협력관으로 있다가 2010년 9월부터 행정안정부의 인사교류팀장을 거쳐 행정팀장으로 자리를 옮기게 되었다. 행정팀장은 당시 행정안정

부의 핵심보직으로 주로 행정고시 출신들이 가는 곳으로 알려져 있었는데 지방 9급 출신인 내가 임명되었으니 자못 감개무량했다.

이후 2011년 4월 그동안 몸담았던 행정안전부를 떠난 나는 국무총리실 공직복무관리관실로 가게 되었다. 공직복무관리관실은 공공기관이나 공직자들의 비리를 조사하고 감찰하는 일을 주 업무로 하는 곳으로 일명 '암행감찰'의 대표적 기관이라고 할 수 있다. 공직복무관리관실에 근무하면서 미력하나마 어사 박문수의 자세를 사표로 삼아 일을 처리하려고 노력했다. 비리를 저지른 공무원에 대한 제보가 들어오면 일단 어느 한 사람의 말만을 듣지 않고 그 사람 주변의 모든 것들을 종합해서 판단하려고 노력했다. 간혹 무고한 모함에 의해 희생당하는 사람도 있을 수 있기 때문이다. 나 역시 공직에 있으면서 여러 가지 유혹에 노출된 적이 많이 있었다. 하지만 공직은 국민을 위해 일하고 봉사하는 자리라는 것을 잠시도 잊은 적이 없다. 공직자들이 누구보다 투명해야 하는 이유는 그들의 뒤에는 언제나 국민이 있기 때문이다.

2013년 4월 지난 2년 동안 근무했던 국무총리실 공직복무관리관실을 떠나 대통령비서실 공직기강비서관실에서 근무하게 되었다. 공직기강비서관실은 상시적인 감찰을 통해 공직사회의 기강해이를 예방하는 역할을 하는 곳이다.

총리실 공직복무관리관실에서의 경험과 활동은 내가 자리를 청와대로 옮긴 이후에도 많은 도움이 되었고, 그 덕택으로 2013년 12월 31일 우수공무원으로 선정되어 근정포장을 수상했다.

나는 그간의 공직생활과 공직복무관리관실에서의 경험을 살려 청와대에서
국정과제를 수행하는 데 미력하나마 일조할 수 있게 된 것에 무한한 사명감
과 책임감을 느꼈다.

Chapter 2.
'원칙주의자 재광 씨'의 10계명

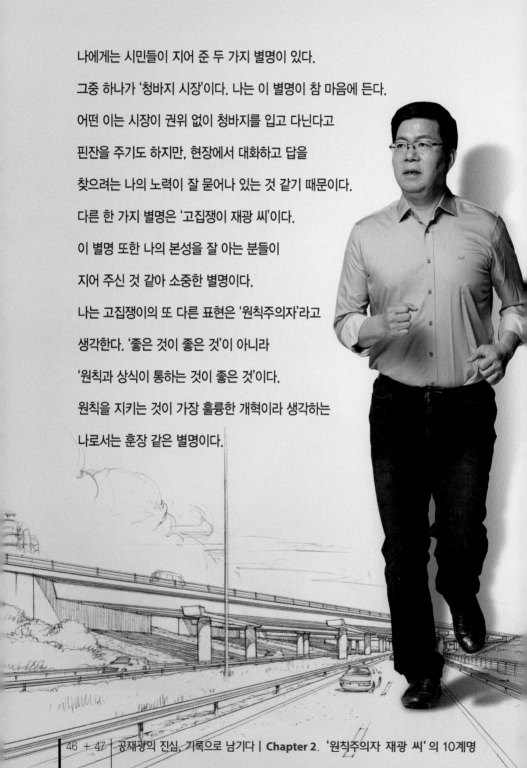

나에게는 시민들이 지어 준 두 가지 별명이 있다.

그중 하나가 '청바지 시장'이다. 나는 이 별명이 참 마음에 든다.

어떤 이는 시장이 권위 없이 청바지를 입고 다닌다고

핀잔을 주기도 하지만, 현장에서 대화하고 답을

찾으려는 나의 노력이 잘 묻어나 있는 것 같기 때문이다.

다른 한 가지 별명은 '고집쟁이 재광 씨'이다.

이 별명 또한 나의 본성을 잘 아는 분들이

지어 주신 것 같아 소중한 별명이다.

나는 고집쟁이의 또 다른 표현은 '원칙주의자'라고

생각한다. '좋은 것이 좋은 것'이 아니라

'원칙과 상식이 통하는 것이 좋은 것'이다.

원칙을 지키는 것이 가장 훌륭한 개혁이라 생각하는

나로서는 훈장 같은 별명이다.

01 진인사대천명(盡人事待天命)

평택시장에 당선되다

청와대 행정관으로서 동료 공무원들이 부러워할 만큼 성공신화를 쌓았지만, 나는 조금씩 내 안에 차오르는 또 다른 기운을 감지했다. 청북면사무소(9급)에서 공직을 시작한 이래 경기도와 행정안전부, 국무총리실, 청와대 민정수석실 행정관 등을 역임하는 동안 화려한 인맥이나 학맥도 없이 어찌 보면 평범하기 짝이 없는 내가 영전을 거듭할 수 있었던 이유는, 수많은 사람들의 도움 덕분이었다. 그들의 도움을 받아 이 자리까지 왔으므로, 이제부터는 내가 사회와 주변으로부터 받은 은혜를 갚을 차례였다. 더욱이 내가 나고 자란 내 고향 평택을 위하는 길인데 망설일 것이 무엇이란 말인가.

막상 내가 청와대를 떠나려고 하자 많은 사람들이 만류하고 나섰다. "탄탄대로를 눈앞에 두고 왜 어려운 길로 가려 하느냐?"는 것이었다. 주변에서 우려 섞인 얘기들이 들려올 때마다 나는 내가 왜 이 길을 가려 하는지, 곱씹고 또 곱씹었다. 내가 만들고자 하는 사회는 '열심히 사는 사람이 대접받는 사회'다. 현실에 안주하는 대신 늘 도전하며 살아온 공재광이 지금 이 자리에 이를 수 있었던 것처럼, 누구나 열심히 살면 승진도 하고 경제적으로도 윤택해지는 '건강한 사회', 그런 사회를 만들어 가는 것이 나에게 주어진 역할이라는 확신이 들었다.

나는 고향 사랑만큼은 어느 누구에게도 지지 않을 자신이 있다. 내가 가난했어도 정신적으로 풍요로운 유년시절을 보낼 수 있었던 것은 전적으로 나의 부모님과 아름다운 평택의 자연 덕분이었다.

한국 사람이라면 누구나 자기 마음속에 그리는 고향의 이미지를 가지고 있을 것이다. 그리고 그 고향에 대한 이미지는 지역별 특징이나 우열을 떠나 모든 개개인에게 언제나 아련한 향수로 남아 있을 것이다. 나 역시 내 고향에 대한 이미지를 가지고 있지만, 나는 내가 나고 자란 평택이 어느 한 시대에 머물지 않고 그 시대를 바탕삼아 좀 더 좋은 모습으로 발전해 나가기를 원한다. 무엇보다 내가 사랑하는 평택이 모든 사람들이 고르게[平] 윤택한[澤] 도시, '평택(平澤)'이 되는 데 미력하나마 일익을 담당하고 싶었다.

목표가 정해졌으니 모든 것을 던져 도전하는 것이 옳은 일이다.

나는 2014년 2월 평택시장 출마를 공식 선언하고 다음과 같은 출사표를 던졌다.

"존경하는 평택시민여러분 안녕하십니까?

평택시장 예비후보 공재광입니다.?

우리 고향 평택은 대한민국에서 둘째가라면 서러운 무한한 가능성을 품고 있는 곳이면서도 아직까지 그 잠재력을 제대로 살리지 못하고 있는 안타까운 상황입니다. 이제 변화와 혁신이 강하게 요구되고 있습니다. 평택을 초일류 도시로 변모시킬 수 있는 강력한 리더십을 가진 시장이 필요합니다.?

저 공재광! 젊음과 패기를 가지고 강한 도전정신으로 평택시를 이끌 수 있다고 감히 자신합니다.

9급 면서기로 출발해 청와대 행정관에 오른 뚝심과 행정경험, 탄탄한 중앙인맥으로 '가고 싶은 도시! 머물고 싶은 도시!'를 만들고자 합니다.?

공재광과 함께하는 꿈, 희망, 미래에 시민 여러분이 주인이 되어 주십시오."

선거운동을 시작해 보니 무엇보다 '공재광'이라는 이름부터 알리는 것이 관건이었다. 상대는 인지도가 높고 관록 있는 현직 시장이었다. 나는 내 이름이 적힌 커다란 광고판을 목에 걸고 다녔다. 평택시민들을 만날 수 있는 곳이라면 어디든 마다하지 않고 달려갔고 하루를 정말 25시간처럼 뛰어다녔다. 시간이 갈수록 얼굴은 새까매졌고 수척해졌다. 하루는 이발소에 가서 머리를 자르다 깜박 잠이 들었다. 그런 내 모습이 너무 안쓰러웠는지 이발사 어르신께서 쪽잠을 잘 수 있도록 배려해 주셨다.

선거운동 기간 내내 잠자는 시간조차 아껴가며 평택 발전을 위한 나의 비전을 알리기 위해 열심히 시민들을 만났다. 그렇게 하루 이틀 지나니 처음에는 무관심하던 시민들도 점점 나의 진정성을 알아주는 듯했고, 그때부터 서서히 공재광 바람이 불기 시작했다.

선거 마지막 3일을 남겨둔 시점에서는 3일간의 '노숙' 선거운동을 진행했다. 잠자는 시간마저 아까워 선거구 내 찜질방에서 시민들을 만나다 잠깐씩 잠을 청하며 막바지 선거운동을 펼쳤다.

돌이켜보면 그야말로 미쳐 있었던 것 같다. 미쳐야 이길 수 있다. 그때는 오로지 한 가지 일념뿐이었다.

'평택의 미래를 위해 하루하루 내가 할 수 있는 최선을 다해 보자. 200퍼센트의 노력을 기울여보자. 그런 다음 깨끗이 결과에 승복하자.'

이후 나의 좌우명은 진인사대천명(盡人事待天命)이 되었다.

이러한 나의 진심이 통했던 것일까. 나는 6·4 지방선거에서 전체 투표수 17만1,364표 중 8만 4,855표(52.19%)를 얻어 경기도 평택시장에 당선됐다. 이러한 결과 뒤에는 인간 공재광을 믿고 지지해 준 평택시민들이 있었다.

감사합니다.너무 늦었지만 지면을 빌려 다시 한 번 지난 선거운동 기간 힘을 모아주신 모든 분들에게 감사의 인사를 드린다.

  2014년 6월 6일

[당선인사]

공재광 인사 올립니다. 선거가 끝났습니다. 평택시민 여러분 진심으로 감사드립니다. 보내주신 성원, 절대 잊지 않고 일편단심 평택만 바라보고 뛰겠습니다.

그동안 함께하신 OOO 후보님과 OOO 후보님께도 고생하셨다는 말씀을 전합니다.

이제는 진정한 평택시민의 통합을 위해 더 노력하고 '초심'을 잃지 않겠습니다. 그리고 개인의 자존심을 내려놓고 시민의 곁으로 다가가 소통하겠습니다. 4개월 동안 지역주민을 만나면서 청취한 의견 소중히 간직하고 시정에 적극 반영하겠습니다. 다시 한번 평택의 기적을 만들기 위해 뛰고, 더 뛰겠습니다. 열심히 할 때는 응원하여 주시고 잘못하는 부분에 대해서는 과감히 지적해 주십시오. 잘못하는 부분에 대

한 지적은 응원으로 생각하고 바로잡아 나가겠습니다. 시정은 혼자 하는 것이 아닙니다. 올바른 시정은 시민과 함께할 때 진정한 지방자치가 꽃피는 것이라고 생각합니다. 선거운동 할 때 시민께 인사하는 사진을 올립니다. 이런 모습으로 뚜벅뚜벅 가겠습니다. 다음 주 월요일(6월 9일)부터는 취임하기 전까지 배낭을 둘러메고 현장의 민생탐방을 다닐까 합니다. 복지시설 봉사, 대형 건설공사장, 전통시장 등을 다니면서 시민의 의견을 더 듣고 오겠습니다.

감사합니다.

02 아버지, 저 하루 먼저 휴가 복귀합니다

선공후사(先公後私)

시장이 되고 나서 자문하는 것이 두 가지 있다.

'나는 얼마나 좋은 시장인가?'

'나는 얼마나 좋은 남편이며 좋은 아버지인가?'

전자인 좋은 시장인가를 판단하는 것은 시민들의 몫이고 시간이 흘러 평택의 역사가 판단할 일이지만, 일에 있어서만큼은 1분 1초를 아끼며 최선을 다했다고 생각하기에 그리 낮은 점수를 받지는 않을 것이라고 생각한다. 물론 나

혼자만의 생각일 수 있지만….

하지만 후자인 내가 얼마나 좋은 남편이고 얼마나 좋은 아버지인가를 묻는다면 말문이 막힌다. 스스로 평가해 봐도 한 40점 정도? 겨우 기본의 기본만 하고 있는 정도?

점수를 이렇게 낮게 주는 이유는 선공후사(先公後私)라고 언제나 공적인 일이 집안일보다 먼저였기 때문이다. 내 스스로 점수를 확 깎아 먹은 일이 비일비재했다.

정작 큰아들과 둘째 아들 고등학교 졸업식에는 참석조차 못하고 시장으로서 다른 학교 졸업식에 참석해야 했고, 시간이 흘러 군대 간 둘째 아들이 휴가를 나왔는데도 제대로 챙겨주지 못했다. 둘째가 전화를 걸어 "아버지, 저 부대 복귀합니다. 하루 먼저 복귀하려고요."라고 했을 때에야 비로소 아차 싶었다. 지금도 그때 따뜻한 말 한마디, 포옹 한 번 해주지 못한 것이 못내 아

훈련소 수료식을 마친 둘째 아들과 공재광 평택시장

쉽다.

내 아내에게도 마찬가지였다. 은행에 근무하는 아내는 월말이면 업무 마감을 위해 눈코 뜰 새가 없다. 이 와중에도 시장인 나를 대신해 행사장에 가라고 등을 떠밀고 있으니 직장에서 얼마나 눈치가 보이고 심적 갈등이 심할까.
한 라디오 프로그램에 출연해 아내와 전화연결을 한 적이 있었다. 그때에도 아내는 내가 앞으로 더 열심히 즐겁고 행복하게 시정을 운영했으면 좋겠다는 이야기부터 했다. 다만 가족 간의 대화를 좀 더 자주 나누었으면 하는 바람을 말하면서 아들 둘, 그리고 나까지 남자 셋과 살다 보니 집안일이 많긴 했지만 남자 셋의 사랑을 받아 행복하다고 했다. 그러면서 자신은 '무수리 공주님'이란 재미있는 말도 했다.
언제나 우리 집안의 든든한 버팀목이 되어주는 아내에게 감사할 뿐이다.

묵묵히 자신의 자리에서 책임을 다하며 잘 자라준 아이들에게도 참 감사하다. 시장이라는 자리가 높고 낮음, 일의 경중을 떠나, 남편의 일이기에 아버지의 일이기에 묵묵히 응원해 주고 따라주는 가족들이 있었기에 오늘의 내가 있다. 일에 치여 살아도 마음만은 언제나 부드러운 남편, 가슴 따뜻한 아버지라는 것을 가족들이 잊지 말아주기 바란다.
가족의 응원에 힘입어 나는 오늘도 평택에서 진정한 나를 찾고, 시민을 위하는 가치를 찾고, 그렇게 정치꾼이 아닌 진정한 목민관의 모습으로 정진하겠다는 각오를 다시 한번 되새겨 본다.

03 일로 승부하세요

인사만사(人事萬事)

"이제 저한테 인사 부탁하지 마세요. 공재광 시장은 씨도 안 먹혀요."

인사철마다 인사청탁에 꽤나 실력(?) 발휘를 해왔다는 사람의 입에서 나왔다는 말이 내 귀에까지 들려왔다. 듣기에 따라서는 공재광이 고집불통이라고 들릴 수도 있지만, 곱씹어보면 인사만큼은 외풍에 흔들리지 않고 제대로 하고 있다는 평가를 해주는 듯하다.

인사철을 전후해서는 항상 시끄러운 것이 인지상정이다. 나도 피할 수만 있으면 피하고 싶은 고민의 시간이다. 나 역시 공직에 몸담았던 사람으로 인사권자의 결정에 관심이 가는 것은 어쩔 수 없는 현실이었다. 인사 전에는 여기저기에서 들려오는 직원들에 대한 추천의 소리와 비판의 소리가 난무하고, 인사 후에는 인사정책에 대해 비난에 가까운 평가가 이루어진다.

중국 역사상 가장 치열했던 전쟁을 꼽으라면 초한(楚漢)전쟁을 들 수 있다. 초한전쟁은 기원전 206년 진나라의 멸망 후 서쪽의 초나라 패왕 항우와 한나라 왕 유방과의 5년에 걸친 전쟁이었다. 그 전쟁의 승자는 물자와 병력, 규모 면에서 압도적인 우위에 있던 초나라 항우가 아니라, 모든 면에서 열세를 면치 못했던 한고조였다.

한고조가 천하를 얻고 난 후 연회 자리에서 신하들에게 뜻깊은 질문을 던졌다.

"내가 천하를 갖게 된 까닭은 무엇인가? 항우가 천하를 잃게 된 까닭은 무엇인가?"

"폐하께서는 사람들을 시켜 점령하게 된 곳을 그 사람들에게 나누어 줌으로써 천하와 이익을 함께했습니다. 항우는 뛰어난 사람을 투기하고 질시하여 공로가 있는 자를 해치고 땅을 획득해도 그들의 이익을 인정하지 않았으니, 이것이 항우가 천하를 잃게 된 까닭입니다."

"그대들은 하나만 알고 둘은 알지 못한다. 나에게는 장막 안에서 천리를 내다볼 줄 아는 능력을 가진 작전통 장자방이 있었고, 국가내정을 잘 관리하고 적시에 군량미를 보급해 주는 군수통 소하가 있었고, 백만대군을 이끌고 연전연승하는 영업통 한신이 있었기에 천하를 얻을 수 있었던 것이다."

이 이야기는 결국 승리는 인사에 달려 있다는 것이다.
즉 인사(人事)가 만사(萬事)인 것이다. 어떤 일을 하든지 사람이 가장 중요하다는 뜻이다. 누구든 능력에 맞는 곳에서 최선을 다할 수 있어야 성공적인 조직을 만들 수 있다.?더욱이 공직사회에서는 능력과 도덕을 겸비한 인재를 선발하는 것이 중요하다.

나는 시장에 취임한 이후 얼마 되지 않아 SNS를 통해 인사와 관련한 의견을 공개적으로 표명했다.
"일로 승부하십시오."
공직자들이 스스로 실력을 쌓고 일로 평가받는 것이 진정으로 시민들을 위한 것이라 생각한다.

그리고 무엇보다 인사는 '원칙 있게' '공명정대하게' 이루어져야 한다.

인재를 잘 뽑으면 만사(萬事)가 되지만 잘못 뽑으면 망사(亡事)가 되기 때문이다.

  2014년 6월 14일

공무원이 창의적이고 열심히 일하는 공직사회 분위기를 확립하여 시민 여러분이 진정으로 필요한 서비스를 제공하도록 하겠습니다.

저는 눈치 보고 줄 서는 공무원은 좋아하지 않습니다.

일로 승부하십시오.

열심히 최선을 다하는 공직자가 진정으로 보상받는 그런 공직사회를 만들겠습니다.

시민을 위해, 평택시 발전을 위해 고민하고 노력하는 공직자가 대우 받는 공직사회를 반드시 만들겠습니다.

평택시 공무원 여러분!

맡은 업무에 대해 스스로 공부하여 본인만의 경쟁력을 키우십시오. 그것이 진정 평택시민을 위하는 길입니다. 그리고 평택시에 대한 주인의식을 가지십시오. 그것이 진정으로 평택시를 사랑하는 것입니다.

04 욕먹어도 청해 들어야 마음을 얻는다

옛말에 '불이소풍(不二疏風)'이란 말이 있다. 너와 내가 둘이 아니고, 바람이 잘 통하듯 막힘이 없다는 뜻이다. 정책을 추진하는 데 있어 시민과의 막힘없는 소통과 이를 바탕으로 한 신뢰만큼 중요한 것은 없다.

요즘같이 우리 사회가 하나로 통합되지 못하고 국론이 사분오열로 갈라지는 것 또한 상호 소통과 신뢰의 부재 때문이라고 생각한다.

나는 공직생활을 하는 동안 소통의 중요성을 현장에서 몸소 체험하였고, 시장으로 취임한 후에는 이를 적극 시정에 반영했다. SNS를 통한 소통, 경청 토론회, 200인 토론회, 청소년 토론회, 시민신문고 등이 그것이다.

SNS를 통한 시민들과의 소통은 정치인으로서의 자기홍보를 넘어 의무라 생각한다. 특히 자치단체장의 SNS는 지역의 소식을 전하는 매체의 역할을 톡톡히 하는 것이 사실이고, 시민들 간의 화합과 소통에도 영향을 미친다. SNS는 나에게 때로는 거울의 역할을, 때로는 돋보기의 역할을 한다. 시민들의 반응을 살피며 내 스스로의 모습을 돌아보고 가다듬을 수 있는 공간일 뿐 아니라 현안을 더욱 깊게 생각할 수 있게 하는 도구이기도 하다.

존 더글라스는 책『트러스트(Trust)』에서 소통을 잘하는 7가지 방법을 제시했다.

1. 존중 – 1%만 존중해 줘도 99%의 마음을 얻는다.
2. 미소 – 백만 달러짜리 미소는 마음까지 녹인다.
3. 이름 – 이름을 불러주어 누구나 꽃이 되게 하라.
4. 관심 – 상대의 관심사에 관심을 가져 감동을 선사하라.
5. 칭찬 – 칭찬으로 상대가 늘 소중한 존재임을 느끼게 하라.
6. 경청 – 어떤 얘기도 잘 들어주어 삶의 동기를 부여하라.
7. 설득 – 상대의 입장에 서서 나를 좋아하게 만들어라.

소통의 핵심은 내가 아닌 상대의 입장이 돼서 대화하는 것이다. 막힌 곳이 있다면 방관할 것이 아니라 뚫어야 한다. 소통은 해도 되고 안 해도 되는 것이 아니라 상생의 삶을 사는 유일한 길이다.

나는 이러한 소통의 중요성을 강조하며 취임 이후에도 여러 가지 소통의 방법을 강구해 왔다. 그중 하나가 '200인 토론회'와 '경청 토론회'이다. 현재까지 200인 토론회는 권역별로 3회에 걸쳐, 분야별 경청 토론회는 4회에 걸쳐 진행되었다.
혹자는 칭찬보다는 안 좋은 소리만 듣는 200인 토론회와 경청 토론회를 왜 굳이 지속하느냐며 그만하라고 만류한다. 하지만 내 생각은 다르다.
시민들의 목소리를 듣는 것이 행정이 해야 할 본연의 업무이고 잘못하고 있는 것을 고쳐 나가는 것이 공직자 본연의 자세라 생각하기 때문이다.

즉 진정한 소통이란 용기 있는 변화가 이어질 때 그 의미를 갖는다. 단순히 듣는 것에 머무르는 것이 아니라 나의 생각이 틀렸다면 고칠 수 있는 용기가 필요한 것이다.

처음에는 본인들의 의견을 표출하기를 꺼렸던 시민들도 차츰 본인들이 겪는 생활의 불편함이나 민원사항들을 이야기하며 평택의 발전상을 함께 그려가고 있다. 참가자들의 폭도 넓어져 시행 초기에는 단체의 장이나 회원들이 자리를 메웠다면 차츰 일반 시민들도 시간을 내어 찾아와 의견을 표출하는 성과를 보이고 있다.

  2017년 5월 23일

길을 새로 내는 일, 쉽지 않습니다.
풀을 베고, 돌도 고르고,
많은 사람의 발걸음이 이어져야
땅이 굳고 비로소 길이 됩니다.
평택, 시민에게 길을 묻다.
제1회 평택시 200인 원탁토론회가 오늘 청소년문화센터 체육관에서 열렸습니다.
처음 시도하는 원탁토론.

지위, 나이, 성별 상관없이 원탁에 둘러앉아 자신의 목소리를 내는 민주주의 실천의 장(場).

오늘 원탁토론은 우리 평택시를 아끼고 사랑하시는 열정적인 시민 200여 분이 함께해 주셨습니다.

저는 2번 테이블에 배정받아 열 분의 시민과 함께 평택시의 오늘, 내일에 대해 세 시간 동안 열정적인 토론을 이어 갔습니다.

저는 시민 여러분이 보여주신 평택시에 대한 애정과 관심 어린 이야기를 들으면서 가슴이 뜨거워졌습니다.

그리고 눈을 마주보고 공감하며 대화하는 소통의 장이 얼마나 중요한지 다시 한 번 느꼈습니다.

시민 여러분의 소중한 의견, 발전적인 제안, 넘치는 사랑과 관심 고맙습니다.

문화 인프라 확충, 환경문제(악취, 미세먼지), 교육문제(고등학교 평준화, 초등학교 과밀학급 등), 지역 간 불균형 등 모두 한꺼번에 명쾌하게 해결하겠다고 장담할 수 없었습니다.

그러나 꾸준히 시민 여러분의 의견을 듣고 평택시의회와 함께 경기도, 중앙부처를 찾아다니며 하나씩, 하나씩 시급한 사안부터 차근차근 해결해 나가겠습니다.

시민 여러분과 함께 뚜벅뚜벅 길을 찾고 길을 만들어 가겠습니다.

앞으로도 평택시 주요현안에 대해 원탁토론회를 계획적으로 확대해 나가겠습니다.

오늘 함께해 주신 시민 여러분과 행사를 성심껏 준비해 주신 공직자 여러분께 진심으로 감사드립니다.

05 정치꾼 NO! 정치가 YES!

통합, 화합, 배려의 정치

나는 오래전부터 "정치꾼이 아닌 정치가가 되자."라는 정치적 소신을 갖고 있다. 간혹 나라의 미래나 국민의 안위보다 자신의 사리사욕을 채우기 위한 수단으로 정치를 이용해 정치가가 아닌 정치꾼으로 전락한 이들을 접하게 될 때면 공직에 몸담은 한 사람으로서 참으로 부끄럽다.

정치꾼은 다음 선거를 준비하지만, 진정한 정치가는 다음 세대를 준비한다. 나는 늘 이런 소신을 가지고 있었고, 어떠한 상황에서든 내 의견을 피력하는 것에 몸을 사리지 않았다.

2016년 고고도 미사일 방어체계인 사드(THAAD) 배치 문제로 전국적 이슈가 있었고, 배치 예상 지역 중 하나로 평택이 거론되었다. 미군기지 이전으로 지역주민의 반목과 갈등을 경험한 평택시로서는, 사드 배치로 인해 또 한 번 시민들이 갈등하는 것을 묵인할 수 없었다. 이를 사전에 방지해야만 했다. 특히 삼성 등 산업단지 개발이 탄력을 받고 있었던 때라 시민 간의 화합이 매우 중요한 시점이었다.

나는 "평택시 사드 배치 후보지로 적합하지 않아"라는 제목으로 페이스북에 글을 올렸다.

 2016년 2월 13일

[평택시 사드 배치 후보지로 적합하지 않아]

사드 배치 문제로 평택시민의 반목, 갈등, 희생을 더 이상 강요하면 안 됩니다. 대한민국의 안보를 위해 사드 배치와 관련하여 평택시를 포함하여 후보지역 여러 곳이 연일 언론에 보도되고 있습니다. 우리나라의 안보를 위해서는 사드 배치에 공감하지만, 우리 평택시가 거론되는 것에 대해 46만 시민과 함께 적극 반대의 의사를 표합니다.

평택시는 그동안 국가정책의 일환으로 미군기지 이전, 해군2함대, 발전소, LNG, LPG 가스, 석유비축 기지 등 보안시설 등이 많이 위치하고 있습니다.

특히 미군기지 이전 시에는 대추리 주민들은 물론 평택시민 간 찬반으로 반목과 갈등의 아픈 과정을 겪는 등 평택시민들께서 희생을 감수해야만 했습니다.

최근 평택시가 거론된 이후 시민단체, 지역주민들께서 걱정을 넘어 우려의 격앙된 목소리가 높아지고 있는 상황에서, 우리 시에서는 캠프 험프리스 기준 레이더 반사각(130도) 범위를 기준으로 지역주민 거주실태를 조사해 보았습니다. '사람 출입차단' 구역 반경 3.6킬로미터를 기준으로 할 때 1,305세대 2,982명(잠정)이 거주하고, '항공기 출입 차단' 구역 반경 5.5킬로를 기준으로 할 때 6,484세대 14,536명(잠정)이 거주하는 것으로 조사되었습니다. 다만, 반사각 130도 범위가 좌우로 조정될 경우 세대수와 인구수는 상이할 것입니다.

평택시는 최근 세계 최대 규모의 삼성반도체 공장 착공, LG전자 확장, 금년 상반기 KTX 개통 등으로 다른 지역에 비하여 도시화가 급격히 빠르게 진행되고 있습니다.

평택시에 사드가 배치될 경우, 지역주민들의 반발은 물론 주민 등 이전에 따른 비용도 천문학적으로 소요될 것으로 예상됩니다.

정부에서 군사적인 측면과 비용적인 측면 등을 종합적으로 판단해서 결정하겠지만, 그동안 평택시민들께서 국가적인 정책 등에 많은 희생을 감수해 온 과정 등을 고려하여 앞으로 더 이상 사드 배치 후보지로 평택이 거론되지 않았으면 하는 바람입니다.

그리고 평택시에서는 46만 시민의 뜻을 담아 평택시 사드 배치 반대의사를 공식적으로 정부에 건의할 계획입니다.

아울러, 평택시에서는 평택시의회, 국회의원 등과 함께 사드가 평택에 배치되지 않도록 최선의 노력을 다하겠습니다.

평택시장

공재광 (2016. 02. 13.)

2017년 강경화 외교부장관 인준과 관련해서도 페이스북에 글을 올렸는데, 글의 취지인즉 강경화 장관 인준을 통과시키고 이후에 정책적 문제가 있을 때에 비판하는 것이 더 중요하다는 입장이었다. 또한 새 정부 초기에 당이 너무 많은 힘을 장관 인준 문제에 쏟고 있는 것 같은 안타까운 마음의 발로였다. 그러나 강경화 장관 인준 관련 발언 이후 나는 당으로부터 경고를 받았다.

  2017년 6월 13일

한마디 고언을 드립니다.

문재인 대통령님 출범과 함께 협력과 협치를 통한 시작이 정말 좋습니다.

대한민국의 대통령님은 국민 모두가 존중해야 된다고 생각합니다.

장관 후보자께서 인사청문회 과정에서 다소 미흡한 부분이 있다면 통과시켜 주시고 업무 추진하는 것을 보고 질책을 하는 것이 더 아름다운 미덕이 아닌가 생각이 듭니다.

강경화 외교부장관 후보자님을 있는 그대로 인정해 주실 것을 자유한국당, 바른정당 국회의원님께 간곡히 부탁드립니다.

왜? 역대 전직 외교부장관님과 많은 국민들께서 원하고 있기 때문입니다.

부족함이 있으면 서로가 채워주는 그런 정치를 통해 대한민국의 미래가 더 빛날 수 있을 것입니다.

너와 내가 함께하는 우리는 대한민국 국민입니다.

독일의 슈뢰더 전 총리는 "자신의 이익에는 부합하지 않더라도 국민이 원한다면 실행하고 위험을 감내하는 것이 정치인의 자세"라고 말했다. 전적으로 동감한다. 여기에 덧붙여 나는 진정한 정치인의 덕목으로 '통합', '화합', '배려'를 꼽는다. 그 자리가 대통령이든 장관이든 시장이든, 통합하고 화합하며 배려를 할 줄 아는 지도자야말로 진정한 지도자라고 믿고 있다.

공재광의 진심, 기록으로 남기다 | **Chapter 2**. '원칙주의자 재광 씨'의 10계명

06 욕먹는 거 무서워하면 시장 못 해요

현장중심 행보

"평택시장은 책임져라. 책임져라."

수백 개의 현수막이 거리에 붙었고 25대의 선무방송 차량이 돌아다녔다. 도시개발이 진행되는 과정에서 조합과 의견을 달리하는 토지주들의 반목이 있었는데 그 불똥은 고스란히 평택시장인 나에게 튀었다. 일부 공무원들은 명예훼손으로 소송을 걸어서라도 시위행위를 중지시킬 것을 제안하기도 했다.

그러나 나는 "사업이 진행되는 과정에서 생각이 달라 서로가 다투고 있는 것인데, 여기에 나마저 소송을 진행한다면 저들을 낭떠러지로 떠미는 것밖에 더 되느냐, 저들 또한 내가 챙겨야 할 평택시민이기에 내가 욕을 더 먹을 테니 시간을 두고 해결책을 찾자."고 말했다.

결국 2016년 12월 조합과 의견을 달리하는 토지주들을 모두 초청해 해결책을 찾기 위한 간담회를 개최하였다. 이 자리는 언론인들까지 모두 참여한 공개토론의 장이었다. 이 토론회를 통해서 사업이 진행되는 단초를 제공할 수 있었다. 민원이 제기된다고 해서 책상 속에 넣어놓고 눈 감고 피한다고 될 일이 아니다. 해결책을 찾는 적극성이야말로 현안을 해결하는 지름길이라 생각했다.

2017년 또 한 번 내 페이스북이 뜨겁게 달아올랐던 사건이 있었다.

청북지역 축사 허가를 놓고 축사 허가에 대한 지역주민들의 반발이 상당히

심했을 때였다. 지역주민들의 반발이 거세어 직접 청북신도시 지역주민들과 만나는 시간을 갖기로 약속했다.

주민들을 만나기 전에 모범적으로 운영되고 있는 축사의 사례를 알아보니 경기도 이천에 위치한 축사를 찾을 수 있었다. 직접 눈으로 확인하고 주민들께 설명을 드려야겠다는 생각에 주말 일정을 마무리하고 밤 10시에 이천시로 이동, 축사를 견학하고 왔다. 주민 간담회에서 이천시의 사례를 포함해 여러 대책들을 설명드렸지만 성난 주민들의 여론은 나아질 기미가 보이질 않았다. 시정 질의를 통해 취소를 하지 않은 것에 대해 시의원들의 질책까지 이어졌다.

하지만 정책의 시작과 끝은 명분과 논리가 필요한 것이다. 아무리 시장이라 할지라도 법령과 절차에 따라 취소 처분을 내려야지, 절차에 따르지 못한 결정은 행정권 남용이고 행정소송 시 100% 패소행위이다.

따라서 내가 다른 대안으로 내놓은 것은 민원조정위원회로 하여금 현장을 방문케 하여 종합적인 판단하에 축사 설치 시 발생할 수 있는 문제점에 대한 의견을 제출하도록 하였고 이를 바탕으로 허가를 취소시키게 되었다.

개인의 이익보다 공공의 이익을 위해서라면, 시장으로서 취소 처분을 내릴수밖에 없다는 판단에 따른 것이었다. 보다 면밀하고 치밀하게 시민들의 의견을 청해 듣지 못한 잘못이기도 하다.

또 하나의 교훈을 얻는 기회의 채찍을 보내주신 시민들에게 죄송하고 감사드린다.

무엇보다 시장으로서의 나의 역할은 모든 시민을 포용하고 가는 것이라고 생각한다. 나를 칭찬하는 사람도 시민이요, 나에게 싫은 소리 하는 사람도 시민이다. 어느 편이든 상관없이 그들의 사소한 이야기 한마디에도 귀를 기울이는 시장이 되고 싶고, 그러기 위해 민원현장을 발로 뛰며 진심을 다하고 있다. 시민이 시장이고 시장이 시민인 평택!
이런 시정을 운영하는 것이야말로 시장으로서 내가 평택을 위해 할 수 있는 최선인 동시에, 나의 의무요 책임이라고 생각한다.

  2017년 5월 20일

통복천 입구에서 지나가는 중학교 학생과 간단한 목례를 하니,
학생; "원유철 의원님 아니세요?"
재광; "아닌데요. 시장입니다."
학생; "그러면, 공재광 시장님이세요?"
재광; "어찌 의원님과 시장을 압니까? 언제 만난 적 있어요?"
학생; "신문과 방송을 많이 봐요."
재광; "나중에 정치에도 꿈이 있어요?"

학생; "전혀 아니요."

그러면서 세교중학교에 다니는데 인근 공장 악취로 공부하기 힘들다고 서슴없이 이야기합니다.
저는 할 말을 잃었습니다.
그리고 학생에게 시장으로서 미안하다고, 또 정말 미안하다고 했습니다.
시에서도 공장 악취로 인한 피해를 막기 위해 많이 노력하고 있다고 전하면서 열심히 공부하라고 격려했습니다.

학생에게 악취에 대한 이야기를 듣고 일정을 소화하는 내내 미안한 마음이 머리에서 지워지지 않았습니다. 그러면서 청북 신도시 인근에 들어서는 축사로 인해 지역주민께서 허가 취소 등을 요구하는 민원이 빗발치는 것은 당연하다고 느꼈습니다.
학생의 마음이 이 정도인데 청북신도시에서 어린이를 키우는 부모님의 마음이야 오죽하겠습니까?

저녁 한미 한마음 축제에 시상과 인사만 하고 저는 이천시 소재 축산시설로 달립니다. 우리나라에서 가장 잘되어 있다고 하는 축산농가. 밤 10시가 넘어 도착한 축산시설. 마을 입구부터 문을 열고 창밖으로 머리를 내밀고 냄새를 확인해 봅니다.
축산시설 앞 관리동에 도착하여 문을 두드려 신분을 말하고 여러 가지를 묻습니다.
축산시설은 어디에 있느냐, 몇 마리를 키우느냐, 날씨가 흐리고 비가 와도 냄

새가 안 나느냐 등등….

거짓말같이 냄새가 전혀 나지 않아서 의문이 들었습니다.
관리인 왈, 방역상 축사 접근은 불가하고 관리동과 거리는 400미터 정도에 위치,
사육두수는 13,000두, 예전에는 다른 지역에 시설 견학이 많았다고.
관리인께 늦은 시간 찾아와서 죄송하고 설명에 감사드리고 발길을 평택으로
돌립니다.

현재 평택에서 제기되고 있는 축산 민원에 대해 직접 확인하고 싶었습니다.
한편으로는 이 정도의 시설을 갖추고 축산업을 한다면 민원 발생 소지가 없지
않을까 생각해 봅니다. 미세먼지, 악취 등으로 많은 민원이 발생되고 있는 상
황에서 앞으로 시민들의 건강, 안전, 행복을 위해 더 많은 정성을 기울여야 할
듯합니다.
조만간 청북신도시를 방문하여 지역 주민들의 의견을 듣는 시간을 마련하려고
합니다.

아, 내려가는 이 순간 머릿속에는 세교중학교 학생과 청북신도시 주민들의 마
음을 헤아려 봅니다.

07 할 말은 하고, 할 일은 해야죠

소신행정

취임 이후 첫 '시민과의 대화'의 시간을 가졌다. 참석해 주신 시민들에게 "가능한 것은 가능하다고 이야기하겠지만 안 되는 것은 안 되는 이유를 정확히 설명드리겠다."고 말했다.

무조건 되는 방법을 찾아보겠다며 시간만 흘려보내고 민원을 피해 다니기 일쑤였던 몇몇 정치인들과는 다른 반응이다 보니 장내가 살짝 술렁이는 듯했다.

나는 안 되는 것은 안 된다고 정직하게 말하는 것이 정말로 시민을 위하는 일이라 생각한다. 해결될 수 없는 민원사항을 가지고 될 듯 말 듯 시간을 끄는 것은 오히려 시민을 기만하는 행위라 생각한다. 검토하겠다는 말만 반복한다면 지역주민들을 속이는 것이기 때문에 안 되는 이유는 분명히 설명드리겠다고 말한 것이다. 이런 행동으로 불필요한 행정력의 낭비를 예방할 수도 있기 때문이다.

시민과의 대화가 끝나고 한 어르신께서 내 두 손을 꼭 잡고 "앞으로도 소신 있게 그렇게만 하라."고 격려해 주셨다. 내 소신행정이 통한 듯해 나도 모르게 가슴이 뭉클해졌다.

혹자들은 나에게 민원인들을 만나면 좋은 말로 다독이고 담당 공무원들에게 미루라는 충고도 한다. 그러나 이것이 옳은 일인가? 당연히 아닐 것이다.

누군들 민원인의 면전에서 안 된다는 말을 하고 싶으랴. 하지만 아닌 걸 아니라고 이야기해 주는 것이 나의 역할이 아닐까. 내가 고집스럽다는 이야기를 많이 듣는 이유 중 하나이기도 하다.

소신행정이란 간단하게 얘기해서 행정업무를 함에 있어서 소신 있게 처리하는 것을 뜻한다. 즉 업무를 처리함에 있어서 원리원칙대로 처리하는 것, 업무 외적인 이해관계나 압력에 휘둘리지 않고 공평하게, 원칙대로 처리하는 것이다.

진정한 리더는 욕먹을 줄 알아야 한다. 모두에게 좋은 소리만을 들으려고 하는 소신 없는 리더는 결국 조직을 망치게 된다. 그 조직이 공무원 조직이라면 그 피해는 고스란히 시민들에게 돌아간다. 패배한 조직에서는 구성원 모두가 일자리를 잃고 한순간에 거리에 내몰릴 수도 있다. 이를 막기 위해서라도 리더는 현명하게 욕먹을 줄 알아야 한다고 생각한다.

결정적 순간에 최후의 결단을 내리는 리더의 자리는 그래서 늘 외롭다. 리더가 돈과 명예를 빼고 사심 없이 결정을 내리면 구성원들은 사심 없는 동참으로 보답한다. 결국 작은 것을 탐내면 크게 잃게 된다. 즉 소탐대실(小貪大失)할 가능성이 커진다. 반대로 큰 욕심을 가진 사람은 작은 것을 과감히 버릴 줄 아는, 즉 대탐소실(大貪小失)할 줄 아는 사람이다.

미래에 대한 의사결정을 할 때는 과거에 발생한 원가는 고려해서는 안 된다는 것이 경영학에서 흔히 얘기하는 매몰원가(Sunk Cost)의 개념이다. 개념은 쉽지만 실제 현장에서 경영자들을 가장 많이 괴롭히는 문제이기도 하다. 그동안 투자한 것이 아까워서, 혹은 실패를 인정하기 싫어하는 정서 때문에 과거와의 단절을 해내지 못하는 경우가 많다. 행정업무에 있어서도 마찬가지이다.

이 때문에 실수 없는 최고의 결정을 내리려다 결정적 순간을 놓치는 경우도 많다. 의사결정에 있어 가장 중요한 것은 타이밍이다. 많은 경우 잘못된 판단을 하는 것보다 타이밍을 놓치는 것이 훨씬 나쁜 결과를 초래한다.
안 되는 것을 안 된다고 있는 그대로 말하고, 소신껏 제때 제대로 의사결정을 하는 것이 무엇보다 중요하다고 생각한다.

2016년 3월 20일

시장 재임하는 동안 저는 원래 생일이 없습니다.
그런데 많은 분들께서 보내주신 과분하신 응원과 사랑에 진심의 마음을 담아 감사드립니다.

오로지 평택시민이 주인이고 더 큰 평택, 더 행복한 평택, 더 시민을 생각하는 그런 시장이 되도록 원칙과 합리적인 고집으로 더 뛰겠습니다.

더 큰 평택을 만들기 위해서는 원칙과 합리적인 고집은 저의 생명입니다.

그러다 보니 서운해하시는 분과 걱정해 주시는 분들도 많이 계십니다.

그런 분들께 너무 감사하고 조금은 반성도 해보지만
제가 흔들리면 1,700여 공직자가 흔들리게 되어,
지금의 골든타임 평택이 어디로 가겠습니까.
오로지 원칙은 원칙입니다.

그리고 중요한 시기에 많은 일을 하고 있는 우리 공직자 여러분께도
격려의 응원을 부탁드리겠습니다.

제가 정치에 많이 서툴더라도 넓은 마음으로 이해 부탁드리며
국민과 시민을 아프게 하는 쇼 같은 정치는 절대 안 하려 합니다.

08 마지막 책임은 내가 진다

누리과정 예산 통과

2016년 누리과정 예산 과정에서 경기도와 중앙부처가 이견을 보이고 있을
때였다. 누리과정이란 국가가 만 3~5세의 취학 이전의 아동들을 어린이집
표준보육과정과 유치원 교육과정을 통합해 공통교육과정을 제공하는 정책으
로, 2012년 5세 누리과정을 시작으로 2013년부터 3~4세까지 확대 시행되고
있다.

누리과정 예산편성 갈등은 2014년 이후 연말 지방자치단체 예산편성·심의

때마다 반복되어 왔다. 누리과정 예산편성을 둘러싼 정부와 시도교육청의 갈등은 결국 예산편성 주체가 누구냐, 그리고 어린이집이 보육기관이냐 교육기관이냐 하는 것인데, 그 갈등으로 인해 피해는 고스란히 우리 평택시민과 어린이집 교사가 볼 수밖에 없었다.

나는 2016년 누리과정 예산과 관련하여 긴급 언론브리핑을 갖고 '누리과정 보육료 및 운영비 보조사업'에 약 102억의 예산 지원을 검토한다고 밝혔다.

2016년 1월 12일 누리과정 예산편성과 관련 기자브리핑을 하고 있는 공재광 평택시장

"우리 시에서는 무기한 정부의 해결방안을 기다리다 보육대란이 우려되어 우선, 우리 시 자체적 해결방안을 강구하고 있다. 보육대란은 어떠한 경우에라도, 발생되어서는 안 된다는 입장으로 102억을(어린이집 누리과정 6개월분) 추경예산으로 편성하기로 했다."고 말했다.

어린이집 보육료, 운영비, 누리과정 담당교사 지원에 사용되는 누리예산 102억은 평택지역 어린이집에 다니는 만 3~5세 아동 5,868명의 6개월분 누리과정 지원금이다. 2016년 기준 평택시에는 어린이집 427개소, 유치원 104개소가 운영 중에 있었다.

우리 시에서 이런 결정을 내린 것은 어린이집 학부모들을 최우선으로 고려한 것이었고, 보육대란에 대한 행정의 적극적인 대응이었다. 그러나 이후 일부 언론에서는 법령 위반이 아니냐는 문제지적과 함께 공무원 징계로 이어질 것을 우려하는 여론이 있었다.

이런 우려에도 불구하고 나는 "만약 문제가 있다면 책임은 내가 질 것이고 징계도 내가 받겠다."라고 강조했다. 시민들의 피해를 막기 위해서 옳다고 생각한 것을 소신 있게 처리하고 받게 되는 징계는, 오히려 감사한 일이라 생각했기 때문이다. 지금도 그 소신에는 변함이 없다.

2016년 1월 25일

오늘 제180회 평택시의회 임시회가 개회되었습니다.
지난번 평택시의회 의원님과 누리과정 관련 간담회를 개최 후 공감대가 형성되어 이번 임시회 추경에 누리과정 6개월분인 102억 원을 제출하였습니다.

평택시 어린이집의 학부모님, 선생님들의 어려움을 최소화하기 위해 적극 협력해 주신 평택시의회 김인식 의장님을 비롯한 의원님 여러분께 깊이 감사드립니다.

09 산이 높아도 갈 길은 간다

평택의 미다스(Midas)의 손을 꿈꾸며

평택은 한반도의 중서부에 위치한 경기도의 최남단에 자리하고 있다. 안성천과 진위천을 경계로 남부, 서부, 북부 지역으로 구분되는데 이 세 지역은 근대 이전까지만 해도 각기 다른 행정구역이었다. 안성천은 경기도와 충청도의 경계였는데 안성천 북쪽은 경기도, 남부는 충청도였고, 서부 지역은 여러 고을이 경계를 오가며 섞이는 곳이 많았다.

1980년대 이후 평택군, 평택시, 송탄시로 분리되었던 평택은 1995년 다시 통합되어 현재의 도농복합도시로서 평택시가 되었다. 서쪽으로는 국제무역항인 평택항과 서해안 고속도로가, 동쪽으로는 경부 고속도로가 지나가는 교통과 물류의 중심지이며 우리나라의 수도권과 중부·남부권을 잇는 지리적 요충지이기도 하다.

노을에 물든 서해대교

선적을 기다리는 자동차로 가득찬 평택항

공재광의 진심, 기록으로 남기다 | **Chapter 2.** '원칙주의자 재광 씨'의 10계명

1990년대 이후 중국과의 교류가 비약적으로 늘어나면서 동북아 시대를 이끌어 갈 서해안 교역의 중심으로 가장 먼저 주목받고 있는 것이 평택이다. 우리나라의 서해안 주요 도시는 어디서나 중국과의 교류에 교두보 역할을 할 수 있지만, 이미 개발이 어느 정도 이루어진 인천을 제외하고는 행정, 자본, 기술의 집산지인 수도권과 가장 인접한 곳은 오로지 평택뿐이다.

또한 평택은 수도권의 정보와 기술, 인력을 활용하기가 용이하고 충청, 호남으로 개발압력의 남하를 유도하는 징검다리 역할을 할 수 있는 곳이다. 그리고 서울, 인천, 청주, 대전 등 대도시가 가까이 있어 지리적 이점을 활용한 기업의 선호도와 개발조건이 유리한 곳이기도 하다.

이러한 지리적 이점을 바탕으로 평택에서는 고덕국제신도시, 황해경제자유구역, 첨단 산업단지 조성 등과 같은 대형 국책사업이 펼쳐지고 있다. 교통의 요충지, 동북아 교역의 중심지, 첨단산업과 물류의 중심지로서 평택의 발전 가능성은 무한하다. 그러나 이러한 최첨단 경제 중심지로 성장하기 위해서는 해결해야 할 과제도 적지 않다. 이러한 때 평택시장이라는 중책을 맡은 만큼 책임감을 더욱 통감하고 있다.

우리 평택시의 비전(슬로건)은 "대한민국 신성장 경제신도시 평택"이다. 현재 시에서 추진되고 있는 8대 중점 과제는 다음과 같다.

1. 대기업, 협력업체 유치 등 신성장 동력산업 육성
2. 시민의 행복을 위한 안전행정·소통행정 구현
3. 사회적 약자를 위한 기부, 나눔 문화 확산
4. 미군기지 이전 대비 정주환경 및 인프라 구축
5. 구도심 활성화를 통한 지역 균형발전 도모
6. 교육환경 개선을 통한 미래의 전문 리더 양성
7. 평택호·평택항을 연계한 문화관광벨트 조성
8. 평택항 경쟁력 강화 및 배후 물류기반 마련

시장 취임 이래 내게는 한 가지 꿈이 생겼다. 평택의 '미다스의 손'이 되는 것이다. 우리 평택시민 및 공무원들과 합심한다면 이는 절대 불가능한 꿈이 아니라고 생각한다. 개인이든 조직이든 살아남는 것만큼 중요한 가치는 없다. 위험을 무릅쓰고 과감하게 도전하는 것, 변화의 풍랑에 몸을 맡기는 것 역시 살아남기 위한 수단이라 할 수 있다. 35억 년간 축적된 위대한 자연의 지혜처럼 '이 정도면 되었지…' 하며 적당히 마무리하고 싶을 때, 한 걸음 더 나간다면 생존 가능성은 그만큼 높아진다.

우리 모두가 한마음으로 똘똘 뭉쳐 산이 높아도 갈 길은 간다는 도전정신과 맡은 일은 끝까지 처리한다는 소신으로 미래를 향해 나아간다면, 반드시 우리 시의 8대 중점과제를 해결하고 '대한민국 신성장 경제신도시 평택'으로 자리매김할 수 있을 것이다.

10 옆에 있는 동료가 보배다

평택을 지키는 가장 겸손한 힘, 1,800명의 드림팀

카톡! 카톡! 새벽녘에 카톡 대화창에 불이 난다.

새벽 2시가 훌쩍 넘은 시간에 누굴까 해서 대화창을 열어보면, 어김없이 제설작업 현황이 올라오기 시작한다. 출장소는 물론 각 면·동의 제설작업 현황이 한눈에 보인다. 제설작업 담당직원이 아니더라도 제설작업이 시급하거나 부족한 곳에 대한 의견을 실시간으로 주고받는다. 종합상황실이 차려진 격이다.

간혹 화재현장 상황과 심지어 실종신고 된 치매 어르신을 찾기 위한 메시지도 올라온다. 재난안전관실을 중심으로 관계자들이 모여 있는 카톡방이다. 조류독감이 확진되었을 때에는 실시간으로 필요 조치사항이 나열되고, 각 과에서는 일사분란하게 필요한 조치를 해나간다.

많은 국민이 공무원들을 두고 소위 '철밥통'이라고 한다. 나에게도 공무원들에게 너무 의존하는 것 아니냐는 비판을 하는 사람들도 있다. 하지만 그 누가 새벽녘에 따뜻한 이불 속을 박차고 나와 쏟아지는 눈과 사투를 벌일 것이고, 퍼붓는 장대비를 맞으며 시민들의 안전을 책임질 것인가? 그 누가 쓰레기봉투를 일일이 뜯어가며 분리수거를 확인할 것인가?

보상의 많고 적음을 떠나 시민의 삶을 책임져야 한다는 의무감으로 우리 평택시 공무원들이 찬 바람을 맞으며 거리에 나서는 것이라 생각한다.

그들이 투명하게 성심(誠心)을 가지고 일할 수 있는 분위기를 만들고 체계를 만드는 것은 나의 역할이고 책임이다.

만약 내가 축구팀 감독이라 가정한다면 가장 중요한 일은 탁월한 선수를 확보하는 것이고, 그 다음은 그들의 기량을 끝없이 높여주는 것과 팀워크 강화, 마지막으로 전략과 전술을 다듬어 가는 순서일 것이다. 이는 시정에도 똑같은 원리가 적용된다. 혹여 공무원들의 잘못은 나의 불찰에서 시작된 것이니, 그들 대신 나를 욕하기를 희망한다.

아이젠하워 미국 대통령에게 한 친구가 리더십이 무엇이냐고 물었다고 한다. 아이젠하워 대통령은 실을 책상 위에 갖다 놓고 '당겨보라'고 했다. 그러자 실이 당겨져서 팽팽해졌다. 이번엔 '이걸 한번 밀어보라'고 했다. 아무리 해도 실은 밀리지 않았다. 아이젠하워 대통령은 리더십이란 자기가 앞장서서 솔선수범하고 자기희생을 하는 데서 나온다는 것을 보여준 것이다.

리더는 뒤에서 싸움터로 부하를 내모는 것이 아니라 앞장서서 솔선수범함으로써 동참을 이끌어내는 것이다. 리더가 헌신하지 않는 일에 부하가 헌신할 리 없으며, 열정을 갖지 않은 리더가 부하에게 열정을 요구할 수는 없다. 본인이 바른길을 가지 않으면서 부하에게 올바름을 요구할 수는 더더욱 없음을 명심해야 한다.

나부터 솔선수범하고 청렴결백하게 생활한다면, 우리 공직자들 또한 서로 신뢰하며 시민과 소통하는 투명한 공직자의 자세를 유지할 수 있을 것이다.
평택을 지키는 가장 겸손한 힘, 1800여 공직자들을 나는 믿는다.

평택을 지키는 가장 겸손한 힘,
1,800여 공직자들을 나는 믿는다.

시정설명회를 개최해 평택시의 정책을 설명하고 있는 공재광 평택시장

Chapter 3.
중단 없는 전진, 평택이야기 I

01 다시 그린 평택의 미래

'브레인시티'의 기사회생

내가 평택시장으로 취임한 후 좌초될 뻔한 사업을 다시 극적으로 살려낸 일이 있다. 바로 '브레인시티'의 재추진이다. 브레인시티는 평택시 도일동 일원 146만 평 부지에 성균관대학교 사이언스파크를 중심으로 한 연구단지와 친환경 주거공간이 어우러진 지식기반형 첨단복합 산업단지를 조성하는 사업이다.

브레인시티의 기사회생은 작은 기회에서 시작됐다. 지금도 이 순간의 기회를 놓쳤더라면 브레인시티의 운명이 어떻게 되었을지 생각하면 아찔하다. 서울 팔레스 호텔에서 원유철 정책위의장과 남경필 도지사와의 오찬 간담회 때의 일이다. 원유철 정책위의장이 약속장소에 5분가량 늦게 도착했는데 나는 이 기회를 놓치지 않았다. 남경필 지사에게 독대를 제안한 것이다.

나는 남경필 지사에게 "도청 실무진들은 브레인시티 사업이 불가능한 것으로 보고할 것입니다. 하지만 대학과 건설사, 그리고 금융권에서도 참여를 하겠다고 하는데 이 사업을 못할 이유가 없습니다."라고 강조하며 설득해 들어갔다. 남경필 지사에게 우선 실무진이 제안하는 것을 모두 다 듣되 화해조정 T/F를 구성해 줄 것을 제안했다. 그 T/F에 성균관대, 금융권, 건설사, 시행사, 법률전문가 등이 모두 참여해서 논의하되, 만약 그 논의에서 사업성이 없다고 결론난다면 깨끗하게 포기하겠다는 것이었다. 이후 오찬장에 도착한 원유철 정책위의장도 같은 뜻으로 남경필 지사를 설득해 주었기에 나의 말에 더욱 힘이 실렸다.

사업규모가 워낙 컸기 때문에 경기도시공사의 사업 참여를 건의하기 위해 남경필 지사를 백방으로 쫓아다녔다. 심지어 경기도 체육회 회의 장소까지 찾아다니며 설득을 계속했다. 남경필 지사는 나의 제안을 받아들여 실무진에게 T/F 구성을 지시하였고 이때부터 브레인시티의 실마리가 풀려나가기 시작했다.

남경필 도지사와 함께

T/F가 진행되는 과정에서 다행히 화해조정이 받아들여져 1년 동안의 화해조정 기간이 주어졌다. 하지만 건설사의 조건이 맞지 않아 또 한 번의 위기에 직면하게 되었다. 나는 포스코 전 회장과 사장을 직접 미팅하고 브레인시티 사업 참여를 권유하였지만 부정적인 답변을 들었다. 화해조정 기간이 얼마 남지 않았기 때문에 말 그대로 좌초 위기에 놓이게 된 것이었다.

그러나 여기서 포기할 수는 없었다. 그동안 평택도시공사에서 꾸준히 실무접촉을 진행해 왔던 중흥건설 회장과 사장을 직접 만나 사업을 성사시키기 위해 노력했다. 가능성 여부를 타진하기 위해서였지만 그 자리에서 나는 중흥건설의 사업 참여를 적극 권유하였다. 이런 내 진정성이 닿았는지 중흥건설이 최종적으로 사업 참여를 결정하였고, 경기도에서도 화해조정을 받아들여 브레인시티 조성사업이 급물살을 타기 시작한 것이다.

브레인시티는 단순히 아파트와 산업단지, 기업체 유치의 의미를 넘어 평택시의 50년, 100년을 책임질 미래 먹거리를 창출할 수 있는 사업이다. 특히 제4차 산업과 연관되어 있기 때문에 무한한 책임감을 가지고 추진한 사업으로, 자치단체장의 의지에 따라 도시의 미래가 어떻게 바뀔 수 있는지를 평가할 수 있는 대표적 사례로 기억될 것이다.

대부분의 지역에서는 보통 산업단지와 아파트만 연계되어 있는 데 반해, 우리 평택의 브레인시티는 산업단지, 아파트, 대학교, 거기에 병원까지 연계된 획기적 프로젝트이다. 다시 말해 주거와 일자리, 대학교 연구시설과 병원까지 아우르는 새로운 모델을 제시함으로써 평택에 또 하나의 역사를 창조한 것이다.

 2017년 6월 27일

살면서 잊혀지지 않는 순간이 있습니다.

첫아이를 낳은 날.

내 집으로 이사하던 날.

아들 훈련소 가던 날.

그리고 2014년 늦은 봄날의 하루가 생각납니다.

바람 한 점 없어 무척 더웠습니다.

시청 앞 잔디밭에서 '브레인시티 사업' 추진을 희망하는

시민집회가 있었습니다.

시장 출마를 결심하고 평택에 내려와 한창 바쁜 때였고,

저를 아는 분도, 말을 건네는 분도 없었습니다.

뒤편 구석에 홀로 서서 브레인시티 사업 중단으로 힘들어하는

시민의 걱정, 하소연, 분노를 보았고 들었습니다.

그날 땡볕 아래서 구호를 외치던 주민들이 얼굴이 잊혀지지가 않습니다.

오늘 저는 브레인시티 사업이 중흥건설과 평택도시공사의 중추적인 역할로

빠르게 진행된다는 사실을 알리는 언론 브리핑을 진행했습니다.

PF 대출 없이 사업을 추진하면 금융비용 절감으로 사업타당성이
크게 향상되어 속도감 있는 추진도 가능하리라 기대됩니다.
살면서 잊혀지지 않는 순간들 그때의 기억, 느낌, 생각, 다짐들이
내 삶의 중요한 기준, 지표, 원동력이 됩니다.

2014년 봄 집회.

2017년 여름 언론브리핑.
제겐 잊을 수 없는 소중한 순간이고 기억입니다.
이제부터 시작입니다.

서울신문
www.seoul.co.kr

서울신문 2017- 03- 09
[자치단체장 25시] 삼성 공장 돌리고 브레인시티 살리고…
'인구 100만' 평택 만든다

공재광 경기 평택시장은 올해를 그동안의 노력이 구체적인 성과로 결실을 보고 대한민국에서 가장 역동적인 도시로 발전해 나가는 골든타임의 해가 될 것으로 여기고 있다. 상전벽해가 실감 날 정도로 평택이 기업도시로 변모하고 권역별 균형발전을 거듭하면서 2035년 인구 100만명 이상의 대도시로 성장할 것으로 예상된다. 현재는 49만명이다. 지난해 개항 30주년을 맞은 평택항은 6년 연속 자동차 수출입 처리 1위를 기록하면서 동북아 물류 중심항으로 자리매김하고 있다. 또 삼성·LG 산업단지, 황해경제지구 등 조성 중인 산업단지와 고덕국제신도시 등 각종 도시개발 사업이 평택시 발전의 견인차 역할을 하고 있다.

(중략)

공 시장이 지난해 거둔 업적 가운데 하나는 꺼져가는 '브레인시티' 사업을 10여년 만에 다시 살린 것이다. 브레인시티는 평택시 도일동 일대 482만 4912㎡에 성균관대 신캠퍼스를 중심으로 한 교육과 연구, 주거 기능이 어우러진 다기능 복합산업단지를 조성하는 것으로 평택시의 핵심 사업이다.

이 사업은 시행사가 자금 확보에 실패, 2014년 5월 경기도로부터 사업승인 취소 처분을 받았으나, 행정소송 진행과정에서 지난해 6월 법원의 조정권고안을 받아들여 사업이 재추진됐다. 공 시장은 "민선 6기 들어 브레인시티 사업 재추진을 위해 총력을 기울인 결과"라면서 "특히 평택도시공사가 참여하는 사업추진 방식으로 전환해 사업을 더욱 안정적으로 추진해 나갈 계획"이라고 밝혔다.

상반기 용지를 보상할 예정인 이 사업은 최근 지방공기업평가원에 출자 타당성 검토 용역을 의뢰한 결과 경제성은 다소 양호하고 재무성·정책성은 양호한 것으로 나타났다. 경제성을 따지는 비용편익(BC)이 기준치 1.0을 넘어서는 1.0145로 평가되고 내부수익률(IRR)도 5.68%로 나타나 사업의 경제적·타당성을 긍정적으로 평가했다.

문제는 성균관대를 유치할 수 있느냐다. 최근 서울대 등 유력대학이 경기도로 이전하려다 학생들의 반발로 갈등을 빚는 경우가 잇따르고 있어서다. 공 시장은 "성균관대는 지난해 12월 의회 설명회를 통해 평택 신캠퍼스(사이언스파크) 조성계획을 공개했다. 기존 캠퍼스 학과 이전은 없으나 스마트카, 스마트시티, 사물인터넷, 인공지능, 바이오신약 등 7개 전략 프로젝트를 기반으로 한 연구소를 설치하고 향후 새로운 학부 및 대학원을 설립하는 등 항간의 우려를 불식시켰다"고 설명했다. 삼성 및 LG 산업단지와 더불어 경기남부권의 신경제 축이 될 것으로 확신한다고도 했다.

김병철 기자 kbchul@seoul.co.kr

02 경제신도시 평택의 심장이 뛴다

삼성전자 평택캠퍼스 가동

2015년 5월 7일에 개최된 삼성전자 평택공장 기공식에 대통령을 참석시키기 위해 평택시의회 김인식 의장님과 청와대를 방문해 관계자에게 대통령 참석을 건의했다. 대통령 참여를 건의한 이유는 경제가 좋지 않을 때 대기업에서 대규모 투자를 통해 일자리를 창출하는 효과를 국민들에게 알리고 기공식의 효과를 극대화시킴으로써 전국적으로 평택의 도시브랜드를 높여야겠다는 욕심 때문이었다.

더군다나 삼성전자 평택공장은 삼성의 단일사업장으로는 최대 규모(120만 평)를 자랑하고 있어, 세계적으로도 충분히 홍보될 만한 사안이었다. 이후 평택에서 삼성반도체 신제품을 생산하게 되면 자연스럽게 '평택'이라는 이름이 붙을 것이다. 우리 시가 굳이 예산을 들여 홍보하지 않아도 '평택'이란 브랜드를 대한민국뿐 아니라 세계 곳곳에 드높일 수 있는 절호의 기회인 것이다.

기공식을 통해 삼성전자 평택공장의 공사가 일단 시작되었지만 중요한 것은 공장의 가동시점이었다. 부지면적이 축구장 400개 크기에 달할 만큼 공사의 규모가 워낙 컸을 뿐 아니라 국·내외 경제사정 등을 고려해 볼 때 가동이 늦어질 것이라는 우려의 목소리들이 있었다.

하루라도 공장의 가동시점을 앞당기는 것이 불확실성을 줄이는 가장 확실한 방법이었다. 일자리가 최고의 복지인 시대에 대기업이 공장을 지어 일자리를 창출하겠다는데 전폭적인 지원을 하는 것은 너무나 당연한 일이었다. 평택시에서 23개 분야가 통합된 T/F를 구성해 전폭적인 지원에 나섰고 기공식이 있은 지 2년 2개월 만인 2017년 7월에 첫 제품을 출하할 수 있었다.

2015년 5월 7일

평택의 기회는 계속 이어진다.
오늘 삼성전자 반도체 평택단지 기공식을 46만 평택시민과 함께
축하하며 환영.
삼성전자, 세계 최대 규모 반도체 생산라인 착공하여 2017년 상반기
본격 가동.생산 유발 41조 원, 고용유발 15만 명 경제파급 효과 예상.

평택시에서도 원유철 정책위 의장님, 유의동 국회의원님, 경기도 등과
협의하여 공업용수, 폐수처리시설, 도로개설 등에 필요한 국비 확보에 주력.
평택시는 부시장을 단장으로 23개 분야(한국수자원공사 포함) TF팀을
구성하여 고품격 행정서비스 적극 지원으로 기업하기 좋은 명품도시를 통해
"대한민국 신성장 경제 신도시" 평택건설에 행정력 집중.

또한, 평택의 기존 중소기업체 등과 상생하여 시너지 효과가 나타날 수 있도록
면밀히 준비하겠습니다.

삼성전자 투자 및 지원 협약을 체결하고 있는
공재광 평택시장

삼성전자 반도체 평택단지 기공식에서 이재용
삼성전자 부회장과 대화를 나누고 있는
공재광 평택시장

이어 2018년 2월 고덕 삼성산업단지에 반도체 제2공장 건설계획을 확정짓고
30조 원 상당의 2기 투자를 하겠다는 계획이 언론을 통해 보도되면서 평택시
민의 기대감이 다시 높아지고 있다. 이를 통해 평택 경제신도시의 심장이 더
힘차게 뛰게 될 것이다.

삼성전자 평택캠퍼스 조감도

03 시장님 그러시면 안 됩니다

평택항 신생매립지 환수

나는 평택항 신생매립지를 되찾아오는 것은 평택시민의 자존심을 찾아오는 것일 뿐 아니라 평택경제 발전을 위한 또 하나의 주춧돌을 놓는 문제라 생각했다. 모든 것을 걸고 승부수를 띄울 수밖에 없었다. 범시민 궐기대회의 연설문을 작성하던 나는 평택항 신생매립지 환수에 시장직을 걸겠다는 내용을 포함시켰다. 그러자 직원들이 "시장님 그러시면 안 됩니다."라며 극구 만류하고 나섰다. 하지만 이는 물러설 수 없을 만큼 중요한 사안이라 판단했고 평택시장으로서 해야만 하는 소임이라 생각했기에 나는 배수의 진을 스스로 쳤다.

평택항 신생매립지 환수를 위해 총력을 기울이던 2015년 1월 평택소방서 이민원 서장으로부터 한 통의 문자가 도착했다. 내용인즉슨 "시장님, 평택항 서부두에서 6만 5천 톤급 파나마선적 쌀 수송선에 화재가 발생하여 화재진압 후 서류 일체를 당진소방서에 인계하고 철수합니다."였다. 분쟁 중이었던 당시만 해도 서부두는 당진시 관할구역이었으므로 관할소방서인 당진소방서에 인계를 한 것이다. 그런데 소재지인 당진소방서에서 화재현장까지 출동하면 1시간 가량이 소요되지만, 평택소방서에서는 10분 만에 도착할 수 있는 상황이었다.

2015년 4월 13일 행정자치부의 중앙분쟁조정위원회 최종 변론에 참석한 나는 이러한 이유를 예로 들며 평택항이 평택의 땅임을 설득했고, 마침내 중앙분쟁조정위원회로부터 "평택·당진항 신생 매립지 전체를 평택시로 귀속시킨다."는 의결을 받아냈다. 지난 2004년에 잃었던 평택항 신생매립지를 다시 찾아온 것이다. 이는 시민 모두가 하나 된 힘으로 이루어낸 쾌거라 하겠다.

나는 다음날 시청 종합상황실에서 기자회견을 열고 다음과 같이 말했다.
"이번 결정은 우리 시 주장이 100% 반영된 결과로 11년 전 잃었던 우리 땅을 되찾은 쾌거이다. 평택항은 국가와 경기도, 평택시와 당진시가 함께 키우고 발전시켜야 할 소중한 자산이며, 신생매립지와 배후단지의 공동개발 등 협력 체계를 갖춰 발전할 수 있도록 노력하겠다."

그동안 평택시는 항만경쟁력 확보와 이용자 편의를 위해 오랜 기간 평택항에 도로, 전기, 통신, 상하수도, 청소 등 행정서비스를 지속적으로 제공해 왔다. 이번 결정은 모든 시민이 한마음이 되어 이루어낸 성과로 평택시 발전의 새로운 기점이 될 것이었다. 큰 힘을 보태준 평택항 되찾기 운동본부, 원유철 국회의원, 유의동 국회의원, 남경필 도지사, 김인식 시의회 의장 등에게도 감사의 마음을 전하는 바이다.

평택항 되찾기 범시민 총궐기 대회

평택항 되찾기 시민서명운동을 펼치고 있는 공재광 평택시장

이후 경기도와 충청남도, 평택시와 당진시의 갈등을 해소하고자 2016년 천안에서 개최된 간담회에서 나는 경계분쟁의 갈등 관계의 근본적 해결책으로 평택, 당진, 아산을 통합한 가칭 서해광역시 구상을 제안한 바 있다.

평택항을 마주하고 있는 평택과 당진, 평택호를 마주하고 있는 평택과 아산의 동질성을 감안한 제안으로 지방의 경쟁력 확보를 위한 장기적 과제로 논의되어 볼 만하다고 생각한다.

2015년 4월 13일

오늘 정말 힘든 날이었습니다. 그런데 46만 평택시민이 계시기에 가능했습니다. 오늘의 결정은 11년 전에 잃었던 평택땅을 찾는 평택시민의 자존심을 지키는 날이었습니다.

그동안 묵묵히 성원해 주신 46만 평택시민 여러분, 평택시의회 김인식 의장님과 의원님 여러분, 경기도 남경필 지사님과 박수영 행정 부지사님, 염동식 경기도의회 의원과 도의원님, 중앙에서 원유철 정책위의장님과 유의동 의원님께서 함께해 주셔서 가능했습니다.

앞으로 이번에 결정된 신생 매립지와 평택항 배후단지가 공동으로 개발되어 평택시의 경제와 연계될 수 있도록 1,700여 공직자와 꼼꼼히 챙기겠습니다. 또한 당진, 아산시와 평택, 당진항이 공동 발전할 수 있는 상생발전 계획을 마련하겠습니다.

존경하는 시민 여러분!
다시 한번 진심으로 감사드리며 합리적인 고집과 원칙을 가지고 더 뛰겠습니다.
진정성과 진심만은 믿어주십시오.

평택시장

공재광 올림

평택의 발전을 위해 삼성이 들어와 심장이 뛰기 시작했다면, 평택의 미래를 창조해 나가는 데 가장 중요한 것이 평택항 개발이다. 평택항은 경기도의 유일한 무역항이다. 또한 대중국 진출의 전초기지인 동시에 10년 넘게 자동차 수출 1위 항이기도 하다. 이렇게 중요한 곳이다 보니 평택항을 어떻게 활용하고 개발해 내느냐에 따라 평택의 미래와 평택시민의 삶의 질이 달라진다 해도 과언이 아니다.

그러나 부산항은 개항한 지 130여 년, 인천항은 100여 년 된 데 비해 평택항은 32년밖에 안 되어서 인프라가 부족한 것이 사실이다. 이로 인해 사람들이 접근하는 것 역시 상당히 제한적이다. 평택항 자체가 국가항만이기 때문에 지자체에서 관여할 수 있는 부분도 미미할 수밖에 없다. 그렇다고 해서 평택의 미래가 달려 있는 이 중요한 평택항을 마냥 손 놓고 있을 수만도 없다.

원유철 국회의원과 평택항 발전방안을 논의하고 있는 공재광 평택시장

이에 우리 시에서는 국가로부터 보다 전폭적인 지원을 받을 수 있도록 먼저 나서서 평택항을 친수 문화공간으로 개발하고, 사람들이 쉽게 찾아올 수 있는 공간으로 만드는 일에 주력하고 있다. 또한 국제무역 항만의 후방효과를 누릴 수 있도록 물류 중심의 항만에서 항만과 도시가 공존하는 항만으로 육성시켜 나가고자 다양한 정책들을 펼쳐 나가고 있다. 그 예로 항만 공원화 사업과 아쿠아벨벳 등 문화·관광클러스터 조성사업을 들 수 있는데, 앞으로 좀 더 본격적으로 추진해 나갈 것이다.

평택항에 친수 문화공간이 조성되면 보다 발전된 종합항만으로 발돋움 할 수 있을 것이다. 이를 위해 인근 평택호 관광단지와 경기도 황해청에서 시행 중인 현덕지구 개발과 함께 항만 관광 휴양도시로 거듭날 수 있도록 매진할 것이다.

특히 평택항 항만 배후단지(60만 평) 개발에 심혈을 기울이고 있는데, 이는 평택과 연계되어 어느 정도 주거, 상권, 볼거리 등이 구비되어야 평택항도 활성화될 수 있으므로 그중 40~50만 평은 주거공간, 상업지 등으로 개발하고 나머지 10만 평에는 안보공원을 세울 계획이다.

안보공원 10만 평 중 5만 평에는 군수물품만 전시하는 것이 아니라 정부에 예산지원을 요구해 육군관, 해군관, 공군관, 미군관을 지어 어린이들과 청소년들이 직접 자신이 원하는 군대를 체험해 볼 수 있는 체험관까지 만들 생각이다. 또한 이곳에 한국군 충혼탑과 미군 충혼탑을 각각 세워 미국의 대통령이 한국을 방문하면 이곳 미군 충혼탑에 참배하는 경유지로서의 역할을 할 것이다.

평택의 안보공원이 설득력이 높은 것은 평택에는 육·해·공군과 미군까지 모두 주둔하고 있어 대한민국 안보의 상징성이 담보되는 곳이기 때문이다.

평택항과 인근 지역의 미래가치는 상상 이상이다.

지난 1986년 12월 5일 무역항으로 개항한 평택항은 이제 21세기 대한민국 물류의 새로운 중심으로 도약할 것이다.

친구같은 신문 **평택시민신문**

평택시민신문 | 2015.04.23.

평택시장의 "미안합니다. 죄송합니다"

지난 8일 평택시청 광장에서는 공재광 평택시장의 다소 울먹이는 듯하면서도 쩌렁쩌렁한 목소리가 울려 퍼졌습니다.

"시민 여러분! 미안합니다. 그리고 죄송합니다. 그 동안 우리 모두가 충분히 대응하지 못한 책임이 큽니다. 반성합니다. 그러나 다짐합니다. 평택시장 직을 걸고 평택항을 반드시 되찾아오겠습니다."

2004년 헌법재판소의 어처구니없는 판결로 잃어버린 평택항을 되찾기 위해 「평택항되찾기범시민운동본부」가 개최한 궐기대회에서 공재광 시장은 평택 시장 직(職)을 걸겠다고 선언했습니다. 일순간 참석한 2천5백여 평택시민은 귀를 의심했습니다. 여기저기서 웅성웅성 소리가 들려왔습니다. "정말로?"

행정자치부 중앙분쟁조정위원회의 결정을 앞두고 당진·아산시, 더 나아가 충남도와 결전을 벌여왔던 우리 시의 평택항 관할권 문제는 사실 절체절명 위기의 순간이었습니다. 상대는 충남도지사 출신의 이완구 국무총리, 국가지 방자치발전위원회 심대평 위원장을 비롯, 충남도 전체를 대상으로 벌여야 했던 골리앗과 다윗의 싸움이나 마찬가지였기 때문입니다.
그래서 더욱 평택시장 직을 걸겠다는 공언은 매우 위험한 발언일 수밖에 없었습니다. 주위 참모 모두는 말렸습니다. 그러나 공재광 시장은 여느 시장, 정치인들과 많이 달랐습니다. "이런 일에 시장이 책임지는 것은 너무도 당연한 것입니다." 그는 단호했고, 지혜롭게 대처하기 시작했습니다.

당진·아산시의 5만 명 서명운동과 총리실 방문 등 정치적 실력행사에 맞불을 놓기 위해 46만 평택시민의 절반에 해당하는 21만2천명 서명운동으로 맞섰습니다. 원유철 의원 부친상에 국무총리가 방문하자 길목에 '한진포구는 당진 땅, 평택항은 평택 땅'이라는 펼침막을 내걸고 전략적 무언의 시위를 당당하게 전개하는 한편 중앙 정치인들을 일일이 찾아다니며, 평택의 갯벌을 매립해 조성한 평택항의 당연한 관할권 주장을 호소했던 것입니다.

열자(列子) 탕문편(湯問篇)에 오랜 시간이 걸리더라도 꾸준히 노력해 나간다면 결국엔 뜻을 이룰 수 있다는 우공이산(愚公移山)이라 했던가요. 마침내 대한민국 임시정부 수립기념일이었던 4월13일, 애타게 기다리던 봄비소식과 함께 행자부 중앙분쟁조정위원회의 최종 판단은 평택시의 완승이었습니다. 역사적 순간이었습니다. 또 공재광 시장의 리더십이 빛나던 감격적인 순간이었습니다. 우리지역 영웅의 탄생이라고 하면 과찬일까요?

이 땅에는 작고 평범한 삶의 자리에서 묵묵히 희생적으로 최선을 다하는 수많은 숨은 영웅들이 있습니다. 그들의 피와 땀, 그리고 노력이 이 모진 역사 속에서도 이 민족과 이 지역의 오늘을 지탱시켜 주고 있습니다. 숨은 영웅들의 수고가 아직도 살아 있음이 이 땅의 진정한 미래이며, 소망입니다.
역사는 흔히 살아남은 자, 승자의 기록이라고 합니다. 전투에서 승리한 인물일 수도 있고, 그리고 정권을 잡은 인물일 수도 있습니다. 그러나 한 시대를 바꾸고, 새로운 시대를 시작할 수 있는 것은 역사가 단순히 승자의 기록이 아니라 숨은 영웅들이 역사를 만들고 창조했다고 하는 사실을 다시금 생각하게 합니다.

평택항을 제자리로 되돌려 놓기 위해 애써 온 모든 분들과 공재광 시장에게 우리 모두 뜨거운 갈채를 보냅니다. 수고하셨습니다.

이성춘 평택항되찾기범시민운동본부 정책실장

04 시장의 치맛바람

장학관 건립, 대입전략 설명회

교육의 문제는 대부분 교육청의 소관이지만, 평소 청소년들의 교육문제에 특별한 관심을 갖고 있던 나로서는 시 행정이 지원할 수 있는 방안을 고민하지 않을 수 없었다. 그 결과 평택시 장학관 건립과 대입전략 설명회 개최가 가능하겠다고 판단하였고 이를 실행에 옮겼다.

장학관 건립은 공재광 개인의 성과가 아니라 우리 미래세대를 위한 문제이고 학부모들의 경제적 부담을 줄이기 위한 노력이었기에 정치권에서 힘을 모아주길 희망했다. 이런 희망이 지나쳐 장학관 건립 사업을 진행하는 과정에서

평택시 장학관 전경

前 시장님께 부적절한 언행으로 실수를 하게 되었는데 지금도 잘못했다고 생각하고 있고, 지면을 통해서 다시 한 번 사과를 드린다. 다행히 이후 시의회를 비롯한 정치권의 동의가 있었고 2018년 신학기부터 장학관을 이용할 수 있게 되었다. 우리 시는 매년 500여 명 이상이 서울 소재 대학에 진학하지만 대다수 학생이 원룸이나 고시원 등에서 높은 월세 부담으로 경제적인 어려움을 겪고 있었다.

이에 시에서는 학생들의 주거비 경감대책을 마련해 학구열을 증대시키고 수학 편의를 제공해 향후 평택 발전의 재목이 될 인재를 육성하기 위해서는 주

공재광 평택시장이 평택시 장학관 시설을 꼼꼼히 살펴보고 있다

거에 대한 걱정 없이 학업에 매진할 수 있는 학습 환경개선이 필요하다고 판단해 장학관을 추진하게 됐다.

평택시 장학관은 서울 강북 수유동에 10층짜리 건물을 매입해 150여 명을 수용할 수 있는 규모이다. 개관을 앞두고 입사생을 모집한 결과 450명에 가까운 학생이 신청하는 등 학생들의 호응이 뜨거웠다.

평택시 장학관의 가장 큰 장점을 꼽자면 첫 번째로 편리한 대중교통 이용이다. 장학관은 지하철 4호선 수유역과 미아역이 5~10분 거리에 있으며 시내버스 정거장과도 가깝다.

두 번째로 인근에 대학교가 밀집해 있는 지리적 이점을 가지고 있다. 고려대학교, 경희대학교, 국민대학교, 성균관대학교 등 총 15개 대학교가 있어 대중교통 이용에 편리한 지리적 이점과 통학시간도 줄일 수 있다.

세 번째로 저렴한 비용이다. 장학관의 월 사용료는 1인당 20만 원 정도로 대학교 기숙사나 일반 자취방보다 훨씬 저렴한 금액으로 생활할 수 있어 학생과 가정의 경제적 부담을 덜어준다.

이와 함께 상대적으로 소외감을 느낄 수 있는 지방대 학생들을 위한 장학금 지급 확대를 위해 평택시애향장학재단에서 장학금 예산을 증액 편성해 대학생 수혜자가 대폭 확대될 것으로 기대하고 있다.교육은 한 나라의 장래를 결정하는 백년대계(百年大計)라고 한다. 평택시에서 제공하는 장학관을 통해 우리 평택의 학생들이 대한민국을 이끌어가는 우수한 인재가 되기를 소망한다.

2017년 6월 13일

2017년 6월 13일

평택시 학사(장학관) 건립과 관련하여 어찌 진행되느냐고 문의가 와서

우선 시민 여러분께 알려드립니다.

잘 진행되고 있습니다. ㅎ

어제 평택시의회 김윤태 의장님을 비롯한 의원님의 협조로 의회에서 통과되어

잘 진행되고 있습니다.

의원님 한 분, 한 분께 깊이 감사드립니다.

대한민국의 미래를 책임질 우리 평택 출신 학생들을 위한 투자는

평택시장인 저나, 평택시의회 의원님이나 한마음 한뜻입니다.

05 쓰레기 사진으로 가득한 핸드폰

쓰레기와의 전쟁

시장에 취임한 이후 시정탐방을 해보니 평택역전, 터미널, 대로변에 쓰레기가 난무한 것에 무척 놀랐고 당혹스러웠다. 또한 공원 하천변이나 전통시장 주변에 무분별하게 버려지는 쓰레기로 인해 도시 이미지가 나빠지고, 외국인들이 영외생활을 할 때 쓰레기로 인상을 찌푸리는 경향이 있었다. 나는 곧바로 쓰레기와의 전쟁을 선포했다.

쓰레기와의 전쟁을 선포한 후 직원간담회 때 한 여직원이 말한 것이 지금도 기억난다. 예전에는 핸드폰에 아기사진, 가족사진이 가득했는데 쓰레기와의 전쟁 선포 이후 파봉한 쓰레기 사진과 쓰레기더미 사진으로만 가득하다는 이야기를 듣고, 미안한 마음에 눈물이 핑 돌았다. 우리 공직자들이 고생이 정말 많았다.

2015년 2월부터 추진해 온 '쓰레기와의 전쟁' 시즌 1과 시즌 2를 통해 시민들의 쓰레기 배출문화가 정착되면서 도심 및 상업지역 내에는 큰 변화가 일어나고 있다. 그동안 쓰레기로 몸살을 앓던 도심 외곽지역과 지자체 경계지역 등 쓰레기 불법투기가 이뤄지기 쉬운 사각지역에서도 지금은 쓰레기를 찾아보기 힘들 정도로 변화했다. 지속적이고 강력한 추진과 노력 덕분에 쾌적한 명품도시로 탈바꿈해 가고 있다.

특히 고덕국제신도시 내 삼성반도체 공장 인근 지제동 일대는 근로자 2만여 명이 점심시간이면 대형식당가 주변으로 한꺼번에 몰리면서 식당과 편의점 등 주변 상가를 이용한 뒤 버리는 온갖 생활 쓰레기로 인근 주차장 일대가 쓰레기장을 방불케 했었다. 이에 시는 지속적인 환경정화 활동을 추진하는 한편 기업체, 상인연합회 등과 지속적인 간담회를 개최, 다각적인 대책을 마련하고 문제해결에 나섰다.

먼저 고덕 산업단지 입구 쓰레기 일제 대청소를 시작으로 정례적인 현장상황 점검과 삼성반도체 공장 신축공사장 협력업체 57개 업체에 공문을 발송해 올바른 쓰레기 배출방법에 대한 교육을 지속적으로 실시했다. 또 월 1회 이상 민·관 합동 일제 대청소를 실시하고, 고덕 산업단지 공사현장 식당가 주변에 거점 쓰레기 수거지 2개소를 운영하고 있으며, 단속요원 2명을 상시 배치해 쓰레기 무단투기 집중단속 및 계도를 벌이고 있다. 이러한 노력으로 인근 근로자들의 의식변화가 일어나면서 올바른 쓰레기 배출문화가 정착되는 한편 음식물 쓰레기 발생량이 눈에 띄게 감소했다.

쓰레기와의 전쟁을 선포 후 쓰레기 수거에 나선 공재광 평택시장

나는 지금도 외국출장 시 항상 그 지역의 쓰레기통과 분리수거 시스템을 눈여겨본다. 특히 자매결연을 맺은 일본의 아오모리시와 마츠야마시를 방문했을 때는 너무 깨끗한 도시 이미지를 보고, 우리 평택시도 그러한 도시 이미지를 갖기 위해 무엇을 해야 할 것인가를 고민했다. 다행히 쓰레기와의 전쟁 선포 후 우리 공직자와 읍면동 단체회원, 시민들의 적극적인 호응 덕분에 가시적인 성과가 나타나고 있다.

그 증표가 쓰레기봉투 판매량이다. 3년 사이 쓰레기봉투 판매액이 37% 증가한 것이다. 2014년 44억 6천만 원이던 쓰레기봉투 판매액이 2017년에는 60억9천900만 원으로 꾸준히 증가했다. 뿐만 아니라 대형 폐기물 스티커 판매량도 2014년 4억 6천100만 원에서 2017년 8억2천600만 원으로 늘면서 3년 사이 79.2% 증가했다.

우리 시는 기관·기업·사회단체별로 담당 하천과 도로를 지정해 환경정화 운동을 전개하고 있으며 2018년에는 '무단방치 쓰레기 제로화'를 목표로 도로, 강변 등 청소취약지역에서 집중적으로 정화활동을 벌이고 있다. 모두가 평택을 깨끗하고 살기 좋은 도시로 만들기 위해 힘을 합쳤기에 가능한 일이었다.

2017년 2월 27일

쓰레기와의 전쟁 시즌 2

권역별 새 봄맞이 대청소 시작.

함께하니 어려운 일도 빠르게 즐겁게 해결이 되네요~

오늘 팽성읍사무소 뒤, 원룸 주변에서 강영임 팽성읍 새마을 총부녀회장님

및 부녀회장님, 기관, 단체장님 등 지역주민 100여 명과 함께 청소를 했습니다.

쓰레기를 봉투에 담고, 원룸 건설현장 주변에 쌓여 있던 생활 폐기물도 정리했

습니다. 많은 분들과 함께하니 생각보다 짧은 시간에 깨끗하게 정리가 되었습

니다.

함께 모여 정겨운 이야기도 나누고 함께하는 청소는 일이라기보다 공동체의

가치를 확인해 주는 즐거운 날이었습니다.

따뜻한 봄입니다.

거리로, 공원으로, 산책하거나 나들이할 일이 많을 것입니다.

내 집, 내 상가 앞 청소 등 정리에 조금만 더 신경 써 주시고 함께하는 읍면동

별 새 봄맞이 대청소에도 적극 참여해 주시길 바랍니다.

쓰레기와의 전쟁을 선포한 지 어언 2년이 되었습니다.

대로변은 행복홀씨 분양에 참여해 주신 기업체, 기관, 단체 등 많은 분들의 노력으로 대체로 깨끗해지고 있으나 이면도로, 원룸 주변 등의 건설현장과 읍면동 일부 지역은 아직도 미흡한 것이 사실입니다.

앞으로 시민의식 교육을 병행하여 조기에 정착될 수 있도록 일회성이 아닌, 지속적인 추진을 이어가겠습니다.

시민 여러분의 적극적인 참여를 당부 드립니다.

06 주한미군 '평택시대'를 열다

글로벌 시대 지구촌 문화도시

우리 평택시는 대한민국의 육·해·공군이 자리 잡은 곳이며, 2020년까지 주한미군의 80%가 주둔하게 될 캠프 험프리와 오산에어베이스가 설치됨으로써 명실상부한 대한민국의 안보를 책임지는 도시로 자리매김하고 있다.

이 때문에 나는 시장에 취임하자마자 미군기지 이전에 따른 '평택지원특별법'에 관심을 쏟았다. 이 법이 한시법이다 보니 2018년 이후에는 중앙부처로부터 지원을 받지 못하게 되어 '평택지원특별법'을 상시법으로 전환하는 것이 중요한 과제였다. 그동안 꾸준히 국회와 국방부 등 중앙부처와 협의를 이어온 결과 다행히 2022년까지 '평택지원특별법'이 연장되었다. 이로써 주한미군 장기주둔에 따른 정부의 지원 기간이 연장되었다.

평택은 주한미군의 이전으로 정부로부터 지원을 받을 수 있는 기회가 주어졌지만 항상 갈등의 불씨를 안고 있는 도시이다. 기지 이전에 따라 평택에 몰려들 주한미군의 수만 해도 엄청나다. 한미연합사령부를 필두로 유엔주한미군사령부, 미8군사령부, 동두천·의정부 미2사단 병력 등 4만 5천여 명에 이른다. 이는 전국 50여 개 미군기지 가운데 90%가 넘는 수치다. 여기에다 군속이나 가족까지 포함하면 8만 5천여 명의 인구가 유입되는 것이다.

이렇게 많은 인구가 유입되는 만큼 사건사고가 생길 확률도 높아지므로 이를 미연에 방지하기 위해 '외교부 주한미군 사건사고 상담센터 평택사무소'를 팽성에 개소해 미군 주둔으로 인한 주민피해를 최소화하는 데에도 관심을 기울이고 있다. 미군과 연관되는 사건사고가 발생했을 때 빠른 시간 안에 신속히 수습하는 것이 미군과 우리 지역주민 모두가 상생하는 가장 좋은 방법이기에 외교부 주한미군 사건사고 상담센터를 설치한 것이다.

미군기지 이전은 예정된 사업을 진행하는 것이 아닌 '새로운 변화'이자 평택시의 최대 과제이다. 미군 이전에 따른 인구유입과 관광수요를 대비해 기지 주변 지역의 계획적인 도시개발과 재정비, 기존 상가 정비를 통한 경제활성화 등을 추진하고 있다.

미군 장병들이 한국을 경험하기에 앞서 근무하고 있는 평택의 문화를 먼저 경험하였으면 하는 바람에서 평택의 문화 인프라 시설을 향상시켜 지역주민과 미군 장병 및 가족들이 함께 즐길 수 있는 곳으로 변모시키는 것이다.
미군기지 이전은 단순히 안보강화 측면뿐 아니라 미군의 유입이 본격화되면서 평택의 숙박, 음식점 등 서비스 업종이 직접적인 수혜를 보는 등 지역경제

미군기지 이전대책 TF를 주관하고 있는 공재광 평택시장

활성화에 상당한 도움이 될 것이기 때문이다.

그전까지는 평택에 먹을거리, 볼거리가 부족한 것이 사실이었다. 더욱이 부대 앞이 다양한 문화의 상권을 형성해야 하지만 구(舊)도심을 중심으로 형성되었던 문화의 한계를 벗어나기에는 아직 많이 미흡하다. 시에서도 많은 계획을 갖고 접근을 하고 있으나 해당지역 주민들의 동참이 절실하다 생각한다. 미군기지 주변의 인프라를 개발하려는 것은 단순히 평택시가 잘되는 것뿐 아니라 지역 상인들도 장사가 잘되게 하기 위해서이며, 또 그곳을 찾는 외국인들에게 우리 평택시의 브랜드를 자랑하기 위해서이기도 하다 그래서 우리 시에서는 부대 앞 구도심을 도시재생사업을 통해 리모델링하여 예술인 광장도 만들고 체험공간도 만들어 깨끗하고 밝은 이미지의 거리로 재탄생시키기 위해 부단히 노력 중이다. 이러한 노력이 중요한 만큼 상인들의 동참이 중요하다고 생각한다. 상인의 동참을 이끌어내기 위해 공무원들과 함께 명동, 인사동, 이태원, 삼청동 등에 가서 어떤 상점에 사람들이 많이 모이고 어떤 상점에 외국인들이 많이 가는지 등을 관찰하는 일종의 서울 벤치마킹을 하고 오기도 했다. 직접 보고 느끼는 것만큼 중요한 것도 없다. 이를 통해 우리 평택과 연계되는 문화상품을 개발해서 사람들을 평택으로 불러 모을 수 있는 콘텐츠를 찾아낸다면 이 또한 큰 성과로 이어질 것이다.

지금은 첫걸음에 불과하지만 포기하지 않고 도전하다 보면 또 다른 길이 새롭게 열릴 것이라고 믿는다.

나는 향후 몇 년 내 지구촌 문화도시 평택, 세계와 이웃이 되는 명실상부한 글로벌 도시 평택을 만드는 데 시장으로서의 본분과 역할을 다해 미군과 지역주민이 상생할 수 있는 최선의 방법을 찾고자 노력할 것이다.

07 뮤지컬 보러 평택 가자

평화예술의 전당, 문화지원 사업

평택시에 문화·예술 기반을 확충하기 위해 평화예술의 전당 건립을 본격 추진하기로 했다. 국비지원을 받아야 하므로 중앙부처의 허락을 받아야 하는데 그 과정에서 난관에 부딪혔다. 평택에는 이미 3개의 문화예술회관이 있었고,

850억 원이 넘게 투자되는 대규모 사업이 기에 중앙부처에서의 타당성 검토에 어려움이 있었기 때문이다. 그러나 기존 공연장이 협소하여 제대로 된 오페라나 뮤지컬을 볼 수 있는 공간이 없어서 평화예술의 전당 건립이 반드시 필요했다.

진행과정에서 국회의원과 경기도의원의 많은 역할이 있었고, 평택시 공직자들이 문화관광부 기재부를 찾아다니며 평화예술의 전당 필요성에 대해 내 일처럼 적극적으로 설명하고 노력한 끝에, 좋은 결과를 낼 수 있었다고 생각한다. 타당성 승인이 늦게 나는 바람에 2018년 본예산 정부안에 설계비가 미반영 되었을 때 원유철 국회의원의 도움으로 예결위 심의과정에 설계비가 극적으로 반영되었고, 이를 통해 순조롭게 진행될 수 있었다.

시민의 문화욕구 충족과 주한미군과의 문화·예술 교류 인프라를 확충하고자 계획된 평화예술의 전당은 행정자치부 지방재정 투자사업 심사에서 최종 승인되어 오는 2021년 완공을 목표로 추진된다. 2018년 상반기에 예술의 전당 기본 및 실시설계를 추진해 2019년 하반기 착공된다. 평화예술의 전당 건립에는 국비 750억 원을 포함 총 852억 원이 투입되며 2만㎡의 부지에 건축연면적 1만8,127㎡ 1,200석 규모의 대공연장과 400석의 소공연장이 들어선다.

또한 전시시설, 문화편의시설 등을 고루 갖춤으로써 다양한 장르의 공연이 소화될 수 있도록 첨단화된 무대도 설치된다.

규모 면에서 수도권 남부 최대의 최첨단 공연장이 갖춰짐에 따라 시민들의 문화욕구를 충분히 충족할 수 있을 것으로 기대되며, 시민의 염원이었던 사업인 만큼 시민과 함께 생각하고 논의해 시의 랜드마크가 되도록 건립을 추진해 나갈 것이다.

문화예술은 한 나라의 정신적 토대가 될 수 있다. 평화예술의 전당 건립과 문화지원 사업에 내가 매진하는 이유도 바로 이 때문이다. 특히 지방도시는 자칫하면 문화예술의 사각지대가 될 수도 있기 때문에 더 많은 관심과 지원이 있어야 한다고 생각한다.대한민국 국민이라면 누구라도 어디에 살든 상관없이 손쉽게 문화예술을 향유할 수 있어야 하지 않겠는가.
평화예술의 전당이 건립되면 내가 듣고 싶은 말이 있다.

"뮤지컬 보러 평택 가자!"

꾸준한 지원과 시민들의 자발적 참여로 세계적인 문화예술 도시로 거듭나는 평택을 꿈꿔본다.

평화예술의 전당 건립과 더불어 내가 심혈을 기울인 프로젝트가 있다. 바로 '지영희 선생 선양사업'이다. 국악 관현악단의 창시자인 평택 출신 고(故) 지영희 선생을 중심으로 문화관광 콘텐츠를 활성화하기 위해서다.

살아생전 지영희 선생은 늘 말했다고 한다.

"온 국민이 국악의 흥을 통해 행복해져야 한다."

지영희 선생은 일제강점기 조선음악의 교육과 민족음악의 전승은 물론 해방 후 국악교육의 근대화와 국악의 현대화 및 제자 양성 등을 통해 민족문화수립에 평생을 바친 훌륭한 분이었다. 구전만 되던 우리 음악을 최초로 오선보에 옮겨 적어 기록하고 수년간 자전거를 타고 직접 채보를 했다. 또 국악관현악단을 창단해 국악 현대화에 앞장섰으며 국민 무용음악인 꼭두각시를 만들었다. 이후 미국 하와이로 건너가 한국민속예술원을 설립해 해외에서도 국악을 알리는 데 힘썼다.

사실 처음에는 이처럼 훌륭한 지영희 선생에 대해 잘 알지 못했었다. 시장 취

LA에 거주하는 지영희선생의 아들 지재현씨를 만나 설득하고 있는 공재광 평택시장

임 후 수많은 업적을 남기고도 제대로 조명 받지 못했던 비운의 영웅, 평택 출신의 지영희 선생 소식을 듣고서야, 그의 업적을 발굴하고 훌륭한 얼을 계승하는 일에 발 벗고 나서게 되었다. 이를 위해 나는 수년간 노력했다.

우선 지영희 선생의 생가를 복원하고, 하와이에 있는 그의 묘를 이장하기 위한 계획을 세웠다. 직접 하와이를 두 차례 방문하였고 그분의 아들을 만나러 LA까지 다녀왔다. 지영희 선생 자체가 우리 평택의 소중한 자산이기 때문에 당연히 평택으로 모셔오는 것이 좋겠다는 생각에서였다.

LA에서 선생의 아들을 만나 나는 3가지 이야기를 드렸다.

"첫째, 모든 기득권을 내려놓아 주십시오.

둘째, 아버지가 쓰신 국악과 관련된 유물을 모두 평택에 기증해 주십시오.

셋째, 아버지의 모든 것을 민간이 아니라 평택시에 맡겨 주십시오.

이 3가지를 받아들여 주신다면 지영희 선생님을 평택의 위인뿐 아니라 대한민국의 위인으로 만들겠습니다." 진심이 통했는지 처음에는 반신반의하던 그가 내 이야기를 듣고는 오히려 그동안 자신이 먹고살기 힘들어 아버지에 대해 너무 소홀했다면서 적극 도와주겠다고 했다.

이후 지영희 선생 선양사업이 탄력을 받아 지영희 명인의 업적을 알리기 위해 '지영희특별전'을 열었고 평택호 한국소리터 내에 '지영희국악관'을 만들었다. 또 지영희 선생의 생가와 가까운 곳에 있는 평택호 한국소리터의 지영희 홀과 지영희 국악관을 활용해 국악단과 음악자료관을 운영하고, 공연·강

습 프로그램을 개설했다. 평택시에서는 지영희 선생뿐 아니라 대금 시나위 명인 김부억쇠, 소리꾼 모흥갑, 남사당 꼭두각시 예능보호자 송찬선 등 지역 출신 민속음악가 14명의 업적도 적극 발굴하고 홍보함으로써 평택이 한국민속 음악의 성지로 자리매김할 수 있도록 할 방침이다.

2017년 12월 열린 문화유산보호 유공자 시상식에서 평택이 낳은 민족음악 수호영웅 고 지영희 선생이 올해 '은관 문화훈장'을 수상하는 영광을 안았는데, 그동안의 우리 시의 노력이 조금은 인정받은 것 같아 무척 기뻤고, 또 한편으로는 지영희 선생의 훌륭함이 너무 늦게 알려져 죄송스럽기도 했다.

앞으로도 평택을 빛낸 사람이 있다면 그가 누구든 제대로 조명 받고 정당한 대접을 받을 수 있도록 최선을 다할 것이다.

2017년 10월 9일

지영희 선생님의 아들을 만나 지영희 선양사업에 대해
진지한 대화가 있었습니다.

정말 우리 지역의 문화유산인 지영희 선생님을 소중히 생각하고 선양할 수 있는 그런 순수한 모임체가 있었으면 하는 희망과 평택시에서 추진하고 있는 선양사업에 대해 고마운 뜻을 표시하셨습니다.

모두의 힘을 모아 우리 문화유산을 찾고, 계승해야겠습니다.

 2017년 10월 31일

소중한 만남, 잊지 말자.

국악 현대화의 아버지 "지영희"선생님을 기억하자.

오늘 저녁에 한국소리터에서 "지영희와 무용음악"을 주제로 공연이 있었습니다.

소리의 고장 평택,

지영희 선생님을 통해 국악의 고장 평택으로 만들어 봄이 신명나지 않을까.

만추의 계절, 가을의 멋을 느끼게 한 행복한 순간…

오래 기억될 것입니다.

08 하모니가 선물한 기적

오성강변 르네상스 사업

평택에는 높은 산이 없기 때문에 안성천, 진위천, 평택호를 잇는 수계를 어떻게 활용하느냐가 시민들의 삶의 질 개선을 담보하는 중요한 자원이다.

평택의 현재 인구는 약 48만 명이다. 평택의 인구가 지속적으로 늘어나기 위해서는 고용창출에 대한 기회는 물론이고 교육과 문화, 여가활동의 인프라 확충이 필요하다. 대전의 경우를 살펴보아도 정부 제2청사와 대덕단지로 유입된 인구가 계속 머무를 수 있었던 것은 이들을 위한 교육적, 문화적 인프라가 탄탄하게 갖추어졌기 때문이다. 평택의 경우도 마찬가지이다. 첨단 산업단지와 대규모 주택단지, 항만 등을 통한 개발도 중요하지만 지역주민들의 교육과 문화적 욕구도 충족시키며 사회복지가 뒷받침되는 균형 잡힌 도시의 모습이 함께 갖추어져야 한다.

평택시가 발전을 거듭해 인구가 80만, 100만이 되기 전에 행정력을 집중해 문화 인프라 확충에 전력을 쏟을 필요가 있다. 가고 싶은 장소가 부족하다는 시민들의 요구가 날로 높아질 것이기 때문이다. 이 과정에 행정이 지역주민과 함께 호흡하며 사업을 만들어 낼 때 가장 모범적인 모델이 될 수 있다고 생각한다.

이에 평택의 물길을 활용한 관광 클러스터를 시민과 함께 조성하기로 결정했다. '오성강변 르네상스 사업'이 바로 그것이다. 진위천과 안성천을 연결해 평택호까지 이어지는 명품 휴식공간을 지역주민들과 함께 조성할 수 있겠다고 생각했다.

비록 사업의 제안은 담당부서에서 했지만 준비과정에서 주민들이 함께 그 내용을 채우고 발표를 준비해 경기도에서 개최하는 2017 넥스트 경기 창조오디션에서 최우수상을 수상, 50억 원의 사업비를 확보하는 쾌거를 이루어냈다. 오성강변 르네상스 사업이 시민들의 아이디어와 노력을 바탕으로 다시 시민의 품으로 돌아갈 수 있도록 노력 중이다.

오성강변 유채꽃 축제

오성강변 조성을 위해 현장을 확인하고 있는 공재광 평택시장

경기도 창조오디션에 함께 참여한 팽성초등학교 솔빛 어린이합창단 (단장 : 문미애선생님)

2017년 6월 29일

2017 넥스트 경기 창조오디션 최우수상 (50억 원) 수상!
본선에 오른 10개 프로젝트를 대상으로 9시 40분부터 넥스트 경기
창조오디션 발표 시작.
우리 시는 3번째 발표.
오성강변 뚝방길 르네상스.
대상을 기대했으나 아쉽게도 최우수상 수상.

그러나 대상보다 더 값진 것은 지역주민과 공직자가 함께한 결과물의
승리입니다.
'함께'의 소중함 시정의 키워드입니다.

한연희 부시장과 함께 밤을 새며 최선을 다해 주신 지역주민과
공직자 여러분 수고 많으셨습니다.
그리고 감사합니다. 꾸벅
오늘 소중한 행사에 최호 경기도의회 의원님께서도 함께해 주셨습니다.
감사드립니다.

앞으로 '오성강변 뚝방길 르네상스' 사업이
평택시민의 소중한 자원이 될 수 있도록
쉼, 체험 공간으로 잘 조성하겠습니다.

인구 100만을 바라보며 계획한 프로젝트.
반드시 완성도를 높여야겠습니다.

큭, 이제 평택에 도착하여 늦은 점심을 먹었습니다.

행복한 하루
즐거운 하루입니다.

Chapter 4.
중단 없는 전진, 평택이야기 II

09 죄송합니다, 감사합니다. 너무나 값진 경험

메르스(MERS) 사태 극복

2015년 6월 평택에 대한민국 전체를 악몽에 빠뜨렸던 메르스가 덮쳐왔다. 그 소식을 듣고 나는 퇴근을 할 수 없었다. 잠을 잘 수 없었다. 메르스 사태로 인해 경제가 휘청거리고 시민들이 불안해하는 상황 그 자체가 충격이었다. 기자간담회 이후부터 메르스가 완전 종식된 시점까지 나는 꼬박 30일 동안 집무실의 간이침대에서 쪽잠을 잘 수밖에 없었다.

당시 기재부 장관 방문 시 중앙언론과의 간담회에서 읍소를 하였다. 읍소를 해서라도 메르스로 침체된 경제를 살려내야 했다. "기자분들, 당신의 펜 끝에 평택의 경제가 달려 있고 시민들의 삶이 달려 있습니다. 사실만을 가지고 취재해 줄 것을 요청 드립니다. "밤 12시에 한적한 거리를 취재해 유령도시라고 언급하는 등의 언론의 취재 행태에 대한 일침이었다.

이후 메르스의 완전 종식을 위해 민관이 합동으로 총력을 기울였고, 특히 방역 부분에서 공기 감염이라는 잘못된 정보로 누구도 쉽사리 나서지 않을때 부족한 인력은 적십자 봉사단의 적극적인 참여로 과거의 민관 합동사례와 비교하여 민간 참여가 더욱 견고하게 이뤄지면서 실질적인 효과를 누렸다.

관내 관공서 150개소, 경로당 526개소, PC방 238개소, 교회 491개소, 어린이집 433개소, 그리고 장애인복지시설 23개소 등 총 2,492개소를 대상으로 방역작업을 실시하고 기존 보건소 인력 외 자율방역단, 대한방역협회 방역자원봉사단 등 민간의 많은 도움을 받았다.또한 손소독제와 손세정제 같은 감염 예방물품 총 94,000여 개를 다중이용시설에 배부하며 메르스 종식을 위해 말 그대로 모두가 한마음으로 뭉쳤다.

그러던 중 평택에서 메르스 첫 번째 완치자가 탄생했다. 20년 동안 천식을 앓아온 77세 할머니셨는데, 치료 8일 만에 완치된 것이다. 너무나 반가운 소식에 할머니 자택으로 한달음에 달려가 할머니의 손을 붙잡고 말했다.
"어르신 완치 소식으로 많은 시민들이 메르스를 이겨낼 수 있다는 희망을 갖게 됐습니다."

방역활동을 하고있는
공재광 평택시장

평택시민들과 공무원들 외에도 황교안 전 국무총리와 당시 문재인 새정치민주연합 당대표를 비롯한 많은 분들이 평택을 찾아주었고, 이분들의 도움 덕택에 메르스가 종식 될 수 있었다.

메르스 사태 극복을 위해 평택을 방문한 황교안 전 국무총리와 함께 시민을 만나고 있는 공재광 평택시장

당시 문재인 새정치민주연합 당대표에게 메르스 사태 상황을 설명하고 있는 공재광 평택시장

적십자 봉사회와 메르스
차단을 위한 방역소독을
마친 공재광 평택시장

나는 메르스 사태 기간 동안 시민들에게 너무나 큰 불편을 끼쳐 죄송할 따름
이었다. 다시는 이런 일이 발생하지 않도록 메르스 백서를 발간해 교훈을 남
겼고 우리의 대응을 다큐멘터리로 제작하였다. 메르스 모의훈련도 전국에서
처음으로 개최하였다.

메르스 사태는 엄청난 시련이었다. 하지만 평택시민과 공무원들이 한마음으
로 뭉쳐 극복해 내었기에 많은 것을 얻을 수 있는 계기이기도 하였다. 앞으로
시민들의 건강과 안전이 최우선시 되어야 한다는 교훈을 남긴 너무나 값진
경험이었다.

2015년 7월 5일

아, 저도 이제 일상으로 돌아왔습니다.

시청 집무실에서 정확히 30일 동안 숙식을 하면서 상황실, 보건소 등을 오가며
직원들과 메르스 사태 해결을 위해 노력.
두피 지루성, 편도염, 눈 다래끼. 아, 몸아…

아찔했습니다. 메르스.
시민들께서 받은 공포, 두려움, 충격에.
또, 언론에서 보도되는 과장된 보도에 시민들께서 얼마나 동요했던가.

정부나 지자체가 국민들께 뭐 할 말이 있겠는가. 다 함께 반성하자.
안타깝게 유명을 달리하신 분께 머리 숙여 명복을 빌며
유가족 여러분께도 위로의 말씀을 드립니다.
격리되어 불편을 겪으시면서 안내에 적극 협조해 주신
격리자 여러분께도 감사드립니다.

또한, 환자 치료를 위해 열악한 환경에서 소임을 다해 주신 의료진 여러분과
방역활동에 동참해 주신 방재단, 적십자 자원봉사자, 읍면동 단체 여러분께
감사드립니다.
공무원, 학교장, 학부모, 단체 임원 분들께 메르스를 의학적으로 자세히 설명하

고 설득해 주신 이종은 의사협회장님, 민관대책협의회에 위원으로 참여하여 고견을 주신 교수님과 유관기관 단체장님께도 감사드립니다.

특히 마스크 하나에 의존하고 환자이송, 객담채취, 역학조사 지원, 격리자 관리 등에 24시간 비상근무에 몸 바친 보건소 공직자 여러분과 상황실 근무, 자가 격리자 생필품 전달 등 격리자 관리에 불평 없이 적극 동참해 주신 본청 등 공직자 여러분께 감사드립니다.

이번 일을 겪으면서 느낀 점과 해야 할 일이 많다는 것을 느꼈습니다. 중앙부처 등에서 높으신 분들이 내려오실 때마다 메르스 관련 현장의 의견을 여러 번 건의하여 일부는 반영되어 바로 시행한 것도 있지만 그래도 평택시 차원의 매뉴얼과 백서도 마련해야 하고 모의훈련도 시도해 볼 생각입니다.

그동안 국무총리님, 부총리 두 분, 장관님, 여야 당대표님, 남경필 도지사님(10회) 등 수많은 분들이 다녀가셨네요.

얼마나 듣고 가셨을까.
얼마나 달라질까.
또, 얼마나 받아줄까.

이 모든 것이 정부와 국회의 역할과 몫이지만
그래도 평택시는 나름 준비를 해야겠다.
평택시에 맞는 그런 지침을 만들고자 한다.
의사협회장, 병원장, 교수 등 전문가 등의 의견을 수렴하여.

다시는 이런 일이 되풀이 되어서야 되겠는가.

중부일보

중부일보 2015년 06월 24일 수요일

시장실엔 야전침상...밤낮 없이 메르스 맞서 사투

공재광 평택시장, 자택격리자 관리부터 생필품 전달까지 체크

22일 중동호흡기증후군(메르스)의 진원지로 알려진 평택을 찾아갔다.
한때 평택시가 메르스 때문에 '유령도시가 됐다'는 소문까지 들릴 정도였지만 정작 평택역에 도착해보니 많은 사람들로 붐비고 있었다.

가끔 역에 설치된 벤치와 버스정류장 등을 소독하는 공무원들을 보면 아직은 메르스에 완전히 벗어나지 못했다는 걸 실감할수 있었다.

평택시청에 도착한 후 메르스와 고군분투하는 사람을 찾기 위해 수소문했다. 메르스 비상대책반을 찾아가기도 했고, 보건소도 방문했다. 그렇게 수소문 하다가 공재광 평택시장을 만났다.

반갑게 맞이하는 공 시장과 함께 집무실을 들어가니 책상 옆에 놓인 1인용 야전침상이 눈에 띄었다.
대충 눈치를 보니 집에 못들어간지 꽤 된것 같았다. 나중에 안 사실이지만 공 시장은 지난 6일 대책본부가 구성된 그날부터 대책반원들과 숙식을 함께 했다고 한다.

그동안 마음고생을 많이 했는지 의례적인 인사말이 끝나기가 무섭게 메르스에 관

한 이야기부터 꺼낸다.

공 시장은 "지역사회로 감염이 확산되지 않도록 막은건 전염의 공포에 맞선 공무원들 덕분"이라며 "메르스 대책반 공무원들도 따지고 보면 누구의 아버지이고, 누구의 아들인데 그들도 감염의 공포에서 자유로울수 있었겠느냐"고 그간의 고생을 에둘러 표현했다.공 시장의 일과는 오전에 자택격리자와 일대일로 담당공무원을 배치하는 일부터 시작된다. 이후 직접 통화를 걸어 체크를 하고 또 필요한 생필품을 전달하는 일까지 직접 챙긴다.

한번은 담당공무원들이 자택격리자들에게 생필품을 가져다 주는데 그 모습이 짠했다고 한다.
"직원들, 특히 여직원들이 쌀, 라면, 통조림, 휴지 등 생필품들을 짊어 지고 가는 모습을 보면 최소한 직원들의 사기라도 떨어뜨려서는 안되겠다"고 속으로 몇번이나 다짐했다고 한다.

얼마전에는 군대간 아들이 휴가를 나와 얼굴 잠깐 보고 나왔다고 한다.
공 시장은 평택 전 지역이 메르스로 침체됐을때는 일부러 시내를 순찰했다. 택시 손님입장에서 기사들의 의견을 듣기도 하고, 카페에 들어가 젊은 사람들과 의견을 나누기도 했다.

인터뷰 도중 공 시장은 "저보다 더 고생하는 직원들이 많다. 특히 보건소 직원들이 가장 고생이 많다"며 평택보건소 권명임 주무관을 소개해 줬다.

병원에서 간호사로 근무하다가 보건소 공무원으로 뽑힌 권 주무관. 그가 소속된 건강증진과 정신건강팀은 자살예방사업을 진행하고, 정신보건센터를 운영하며, 만성정신질환자 등을 관리하는 업무를 맡고있다. 그러한 일이 평소 일이었지만 평택시에 메르스가 퍼지고서 본연의 업무와 같이 그 외의 일을 하게 됐다.

권 주무관은 메르스 양성환자를 찾아가기 전에 보호복을 껴 입고, 앰뷸런스 차량을 환기시킨다. 그리고 환자가 있는 자택이나 병원 등으로 간다. 환자를 앰뷸런스 차량에 태우며 환자의 의료차트를 인수인계 받는다. 그 후 차량에 타 격리병실이 있는 곳으로 간다. 이 때가 가장 긴장되는 순간이다.

호송 중 긴장이 돼 안경에 서리가 끼는 것도 모르게 된다. 환자의 기침과 고열, 심리적인 동요만이 보인다. 긴장감 속에 환자를 후송하는 것이다.

권 주무관은 "환자들을 안심시키는 일이 중요하다. 아무래도 전염병이다 보니 가족이 같이 가지 못하고 혼자 이송된다. 그래서 더욱 더 동요하시는 경우가 많다"며 "특히 자택격리기간 중 양성반응이 나온 환자에게는 보호복을 제공해 입도록 한다. 그렇게 입고 나오실 때 보면 같이 계시던 가족분들이 불안해 한다"고 말한다.

공 시장, 권 주무관 등 평택 공직사회와 지역사회의 분투가 평택을 메르스에서 해방된 희망의 땅으로 만들어가고 있었다.

박병준기자/pbj@joongboo.com

10 우리의 가장 큰 무기는 '경험'

투자유치 설명회 서울 개최, 중소기업체 방문

나는 오래전부터 사업은 신뢰와 신의가 가장 중요하다고 생각해 왔다. 그 신의를 바탕으로 평택에 기업들의 투자유치를 성사시키기 위해 바쁘게 뛰어다녔다. 투자유치를 위해 만나는 사업가들에게 나는 항상 대기업을 유치하고 전폭적인 지원을 통해 사업의 성공을 돕고 있는 평택시의 경험을 이야기한다. 이것이 사업가들에게는 평택시의 매력이 될 수 있고 우리가 가진 강력한 무기가 될 수 있다고 생각하기 때문이다.

호랑이를 잡으려면 호랑이굴에 들어가야 하고 물고기를 잡으려면 고기떼를 쫓아야 하듯, 기업체 유치도 기업체들이 많이 모여 있는 서울에서 개최하는 것이 옳다고 생각했다. 그래서 투자유치 설명회를 서울에서 개최할 수 있도록 지시하였다. 서울에서 개최함으로써 전국적인 홍보효과를 노리는 동시에 조성 중인 산업단지에 기업체가 입주할 수 있는 여건을 만드는 것이 중요했다.

긴 시간, 꼼꼼하고 정성껏 준비한 투자유치 설명회를 2017년 6월 서울 신라호텔에서 개최했다. 우리나라뿐만 아니라 많은 외국계 기업 관계자들도 참석해 설명회장의 열기가 뜨거웠다.

기업인들은 주요 산업단지의 입지여건, 입주방법, 분양조건 등에 대해 자세히 물었고 향후 발전 가능성에 대해서도 심도 깊은 의견을 제시하여 의미 있는 시간이었다.

아마존 CEO 제프 베조스는 중요한 결정을 내려야 하는 순간엔 자신에게 천천히 질문한다고 한다. "내가 80살이 됐을 때 지금 이 일을 하지 않은 것에 대해 후회하지 않을 선택을 하자." 이런 '후회 최소화 프레임워크'를 통해 선택의 순간에서 현명한 결정을 내릴 수 있었다는 것이다. 높은 연봉, 남들이 부러워하는 안정된 직장에서 나와 온라인에서 책을 파는 아마존 닷컴을 만든 그의 첫 번째 도전은 바로 '후회 최소화 프레임워크'였다.

기업이 새로운 투자, 이전, 확장을 하기 위해서는 지혜로운 선택과 결정이 필요하다. 지자체 역시 주요사업을 계획하고, 추진하고, 진행하는 과정 모두가 선택, 결정, 도전이다. '후회 최소화 프레임워크'는 아마존의 CEO뿐 아니라 우리 모두가 고민해야 할 문제란 생각이 든다.

평택시에 투자한 기업들이 시간이 흐른 뒤 그때의 선택은 현명했고, 그때의 도전은 용감했으며, 그때의 결정은 '신의 한 수'라고 생각할 수 있도록 평택시가 총력을 기울여 지원해 나갈 것이다.

서울에서 개최된 투자설명회에서 인사말을 하고 있는 공재광 평택시장이와 함께 나는 틈날 때마다 꾸준히 평택시의 중소기업을 방문하였다. 방문할 때마다 간담회를 열어 그들의 어려움을 경청하고 기업하기 좋은 환경을 조성하기 위해 꾸준히 노력해 왔다.

나는 중소기업체를 방문할 때마다 항상 3가지 부탁을 한다.
첫째는 일자리 창출을 위해 평택지역 인재를 채용하는 것이고, 둘째는 공장 신설·증설 시 지역업체를 이용해 달라는 것이며, 셋째는 회사 종업원들이 먹는 식자재는 평택 농산물을 애용해 달라는 것이었다. 이 3가지 부탁을 들어준다면 행정에서 만큼은 최고의 지원을 하겠다고 약속하였다. 이의 일환으로 전국 기초단체에서는 유일하게 건축과에 하도급 팀을 신설하여 지역업체 참여를 적극 유도하고 있다.

평택의 기업이 잘되어야 평택의 시민들도 잘 살 수 있다. 중소기업활성화는 평택의 경제에 윤활유 역할을 할 것이며, 더 나아가 평택의 발전에도 일익을 담당하게 될 것이라고 믿는다.

중소기업을 방문해 제품을 살피고 있는 공재광 평택시장

11 청년의 꿈을 응원하다

통복시장 청년숲 조성

나는 이 책의 부제목처럼 '젊은 평택, 중단 없는 전진'을 만들고 싶다. 무엇보다 평택의 젊은 청년들에게 힘이 되어주고 싶었고, 시 차원에서 그들에게 실질적 도움을 줄 수 있는 일이 무엇일까를 고민해 왔다. 그러던 중 평택 통복시장이 2016년 중소기업청의 전통시장 조성사업 공모에 선정돼 시비 6억 원을 포함, 총 15억 원(국비·자비 포함)의 사업비를 투입할 수 있었다.

사실 통복시장은 경기 남부지역의 최대 전통시장으로 한때 지리적 이점과 규모의 경제성으로 다양하고 우수한 상품들의 집산지였다. 그러나 속속 들어서는 대형마트 앞에서는 속수무책일 수밖에 없었고, 포목점을 중심으로 번창했던 주단 골목은 소비 트렌드의 변화를 이기지 못하며 사람들이 찾지 않는 뒷골목으로 전락해 버렸다. 이에 우리 시가 전통시장 활성화와 청년 일자리 창출을 위해 발 벗고 나섰다. 2017년 6월 통복시장 청년숲이 조성되어 먹거리 점포 13개소, 공예·문화 관련 점포 6개소, 청년 체험 점포(창업 연습공간) 1개소 등 총 20개 점포가 들어섰다.

청년은 임대료와 인테리어 비용을 지원받아 창업의 부담을 덜었고, 통복시장 상인들도 미소를 되찾았다. 트렌디한 청년숲을 찾는 젊은이들이 전통시장도 함께 즐기게 되었기 때문이다. 전통시장과 청년의 만남이 시너지 효과를 내고 있는 것이다.

청년들이 만들어 가는 공간답게 재치 있는 문구가 곳곳에서 눈에 띄고 유행을 선도하는 창업 아이템 또한 즐비하다. 이곳을 찾은 손님은 신선한 에너지를 얻어가고, 청년은 꿈을 키워간다.

젊은 트렌드를 반영한 주요 품목을 보면 디저트점포, 쌀베이킹, 수제청, 유기농샐러드, 랍스터, 일본식카레, 멕시코음식 등의 먹거리 점포와 친환경용품, 풍란, 화훼 등 도소매, 공예 및 문화관련 점포와 체험점포(대박발전소) 등이다. 이 중 대박발전소는 예비창업자들의 창업연습공간으로 운영될 예정이다. 이는 젊은 고객들을 유치해 전통시장 활력을 불어넣는 데 주안점을 뒀기 때문이다.

이 사업은 전통시장 내 빈 점포와 유휴공간을 활용하여 청년점포 협업공간 등 창의적 테마로 융합된 청년몰을 조성하여 전통시장 활성화를 유도하기 위해서 기획된 것이다. 나는 무엇보다 "청년 상인들이 열정과 끼를 살려 침체된 전통시장 활성화의 초석이 되어줄 것"을 주문했고, "청년숲이 특색을 잃지 않고 차별화를 통해 전통시장 활성화와 일자리 창출을 위해 홍보 및 행정적인 지원을 아끼지 않을 것"이라고 약속했다.

통복시장 청년숲이 청년창업 지원의 인큐베이터가 되기를 희망한다. 통복시장이 다름 아닌 청년들의 꿈 놀이터가 되었으면 한다. 청년들 또한 언제나 자만하지 말고 각자의 자리에서 최선을 다하기를 부탁한다.

2017년 8월 24일

오후에는 통복시장 청년숲 청년 사장님들과 만났습니다.
지난 6월 24일 개장했으니 오늘로 꼭 두 달 점포를 운영한 초보 사장들과
이야기를 나누면서 청년숲의 내일이 참 많이 기대되었습니다.

패기와 열정을 갖고 불철주야 노력하는 청년 사장님들,
초심을 잃지 말고 알찬 운영으로 청년몰의 새로운 모델이 되길 기대하며
몇 가지 당부의 말씀을 전했습니다.

친절, 맛, 청결, 본인들의 의지, 함께하는 주변 환경(통복상인회, 평택시),
정기적인 성과분석을 통한 피드백.

힘들겠지만 함께하면 못할 것이 없는 젊음이라는
가장 큰 자산을 가지고 있는 청년 사장님!
여러분의 미래는 밝습니다.

2016년 1월 3일

새해를 맞이하여 청소년들에게 꿈과 희망을 전합니다.
알바트로스. 평시에는 제대로 날기조차 어려운 "새"
그래서 멍청한 '바보 새'라고 손가락질 받지만
거센 바람이 불어오면 크고 튼튼한 날개를 펼쳐 거센 바람을 타고
태평양을 건너는 알바트로스!

요즈음 정치에 빗대면 맞을지 모르지만 위대한 사람 역시 마찬가지가
아닐까 합니다.
위대한 사람은 오랜 시간 날지 못하고 잔뜩 움츠려 있다가 커다란 바람이
불어올 때, 그 바람을 놓치지 않고 날개를 펼치고 날아올라 정말 위대한
일을 이루곤 하지요.
정치권에서 과연 누가 그럴까 하고 곰곰이 생각해 봅니다.
아, 과연 어느 분이…
혼란스러워하는 우리 국민들을 감동시킬 카리스마와 국익을 위해서라면
대범한 결단을 내릴 줄 아는 그런 사람 어디 없을까…

청소년 여러분 커다란 날개를 가진 사람이 되십시오.
여러 번의 날갯짓으로 날아오르지 못한다고 스스로 자괴감에
빠질 필요가 없습니다.

나는 왜 취업에 실패할까.

나는 뭘 해도 안 되지.

나는 정말 무능한 사람인가 봐.

이런 쓸데없는 생각을 하는 데 시간을 허비하지 말고 자신만의 실력을 쌓아

앞으로 불어올 큰 바람을 타고 드넓은 태평양을 건널 준비를 하십시오.

언젠가는 반드시 "기회"라는 큰 바람이 불어올 것입니다.

그러기 위해서는 자신만의 "경쟁력"이라는 날개를 갖추는 데 주력하십시오.

이 시대의 청소년들이 꿈과 희망을 포기하지 않고 언젠가는 알바트로스와

같이 거센 바람을 타고 훨훨 날아갈 수 있기를 기원해 봅니다.

오늘 교회에서 바보 "알바트로스" 영상을 보고 네이버에서 알바트로스를

찾아 보니 좋은 글이 있어 일부 인용했습니다.

통복시장 청년숲 청년 상인들과 간담회를 하고 있는 공재광 평택시장

남경필 경기도지사와 통복시장 청년숲에 방문해 청년 상인들을 응원하는 공재광 평택시장

통복시장 청년숲 청년 상인들을 응원하고 있는 공재광 평택시장

12 광고판을 다시 목에 걸다

쌍용자동차 티볼리 홍보활동

쌍용자동차가 평택경제에 미치는 영향은 대단했다. "쌍용자동차 월급날이 되어야 평택경제가 살아난다."는 말이 있을 정도였다. 지금이야 삼성, LG전자와 같은 대기업 공장들과 여러 개의 산업단지, 탄탄한 중견기업과 외국계 기업이 평택에 많이 입주해 그 영향력이 다소 감소되었지만, 쌍용자동차가 평택에서 만들어진다는 사실만으로도 쌍용자동차가 가진 상징성은 대단한 것이었다. 2009년 5월 22일부터 8월 6일까지 이어진 77일간의 쌍용자동차 옥쇄파업의 후유증은 지금도 이어지고 있다.

'평택시장으로서 쌍용자동차를 위해 무엇을 할 것인가?' 고민이 될 수밖에 없었다. 나는 고민 끝에 쌍용자동차의 완전한 정상화를 위해서는 자동차가 한 대라도 더 팔리는 것이 중요하다고 생각하여, 직접 세일즈에 나서기로 했다.

곧장 실행으로 옮겼다. 당시 시의회 의장이었던 김인식 의장과 함께 쌍용자동차 티볼리 광고판을 목에 걸고 전국을 돌며 세일즈에 나섰다. 청와대와 국회의장실을 비롯해 광역단체장을 찾아다니며 '쌍용차 기 살리기'에 동참해 줄 것을 호소하며 구매를 부탁했고 직접 거리 홍보전을 펼쳤다.

나의 이러한 노력들이 직접 구매로 이어진 효과의 성과를 따지기보다, 기초단체장이 직접 나서서 지역에서 생산되는 자동차 판매에 나섬으로써, 평택시민과 함께 쌍용자동차를 응원하고 있다는 마음을 전하고 싶었던 것이다.

기업과 지역이 상생하는 것이야말로 서로 Win-Win 할 수 있는 필요충분조건이라고 생각하기에 가능한 일이었다.

쌍용자동차 경영정상화를 위해 신차로 출시된 티볼리 홍보차 대구광역시를
방문한 공재광 평택시장과 김인식 평택시의회 의장

창원시에서 쌍용자동차 홍보캠페인을
펼치고 있는 공재광 평택시장

facebook 2015년 1월 30일

[두 번째, 쌍용자동차 '티볼리' 홍보 현장투어]

1월 28일은 두 번째로 쌍용자동차 '티볼리' 홍보를 위해 대전역으로 향했습니다.

김인식 의장님과 기왕에 시작한 것, 한번 큰일 내기로 결심했습니다.

대전역에서 아침 7시 30분부터 9시까지 홍보, 이어서 차량 안에서 김밥으로 아침밥을 대충 때우고 대전시청을 방문했습니다. 대전시청에서 행정부시장님을 뵙고 지역 쌍용자동차의 정상화를 위해 '티볼리' 세일즈 왔다고 하니, 부시장님께서 대전시청은 물론, 구청에 수요조사를 해서 적극 도와주시라고 지시.

이어서, 대전시 기자실을 방문하여 쌍용자동차 정상화와 해고자 복직을 위해 '티볼리' 홍보. 중앙 및 지역 언론인들께서 시장과 의장께서 함께 지역 현안을 해결하는 모습에 관심, 성원, 감탄과 보기 좋다고, 적극적인 보도 의지를 보임.

이어서 대전중앙청사에 입주해 있는 관세청, 산림청, 조달청, 특허청, 통계청, 중기청, 병무청, 문화재청을 방문해 홍보 및 서한문 전달. 문화재청장님께서 격려와 적극 검토 약속.

저와 의장님의 희망.

김인식 의장님과 함께 '티볼리' 5만 대를 팔아서 쌍차 직원분들 힘들게(?)
야근도 하고, 더 나아가 생산라인 증설, 정상화와 해고자 복직 하는 것입니다.
복직은 빠를수록 좋습니다.

욕심을 내려놓고 오로지 진정성 하나만으로 국민들께 호소하여 쌍용자동차를
살려보겠습니다. 쌍용자동차의 정상화와 해고자 복직이 하루빨리 이루어질 수
있도록.

(추신)
간혹 어느 분은 부정적인 의견을 올리는 분도 있습니다. 시장이 체면,
권위 없이 목에 홍보 피켓 건다고요. 넓으신 마음으로 이해해 주십시오.
다른 현안은 시간을 쪼개서 더 잘 챙기겠습니다.

13 시민의 머리를 빌려라

거버넌스 팀의 신설, 경청토론회, 거버넌스 포럼 운영

시장이 되고 나서 문득 이런 생각이 들었다.

'인구가 빠르게 증가하고 있는 평택의 행정력이 시민의 삶을 어디까지 챙길수 있을 것인가?' 더 이상 행정력만으로는 시민들의 삶을 알뜰살뜰하게 챙길수 없는 단계에 이를 것이라는 생각이 들었다. 이러한 이유로 행정의 체질개선이 절실하다고 느꼈다.

나는 시민의 힘을 빌려 공동체를 함께 이끌어 가야 한다는 결론을 내렸다. 그렇다면 시민들의 의견을 어떻게 효과적으로 모을 것이며, 시민들과 역할을 어떻게 나눌 것인가를 고민하기 시작했다. 이를 위해 거버넌스 팀을 신설하게 되었다. 현재는 거버넌스 팀을 주축으로 해서 경청토론회와 200인 원탁토론회 등을 진행하고 있다. 시민의 머리를 빌려 시민들의 삶을 바꾸어 나가는 것이 우리가 가야 할 올바른 방향이라고 믿는다.

시민들의 의견을 시정에 반영하기 위해서는 시민들과 공직자들이 함께 거버넌스의 필요성을 공감하도록 하는 것이 무엇보다 필요해 보였다. 이를 위해 거버넌스 포럼을 구성하고 평택의 시민사회 활동가들을 연사로 초청해 강의를 듣기 시작했다.

2017년 말에는 2016년 9월부터 현재까지 총 14회에 걸쳐 개최된 거버넌스 포럼을 돌아보는 간담회를 가졌다. 거버넌스 포럼의 지난 활동을 되짚어 보고, 평택형 거버넌스 행정의 발전을 위한 미래 전략을 논의하는 시간이었다. 40인과 5개의 키워드를 부제로 그동안 참여했던 강사, 패널, 기고자, 청중들이 함께 모여 '사람, 참여, 갈등, 조화, 또다시'라는 5개의 키워드를 놓고 거버넌스 포럼의 현 주소에 대해 살펴보고 향후 발전방향을 모색했다.

나는 이 자리에서 "거버넌스 팀을 전국 최초로 신설하고 지난해 9월부터 거버넌스 행정의 가치와 필요성에 대한 공직자의 인식전환을 목적으로 거버넌스 포럼을 개최했다. 그동안 거버넌스 행정의 모범사례를 공유하고 나아가 시민과 함께 시의 주요 현안에 대한 정책토론도 함께 논의했다. 오늘 간담회를 계기로 초심을 다지고 거버넌스 포럼이 소통, 공감, 화합을 기조로 한 시정운영의 동력이 되도록 지속해서 노력해 나가겠다."라고 밝혔다.

모쪼록 평택시 거버넌스 포럼의 한 걸음 한 걸음이 시민과의 소통행정으로 향하는 바른 이정표가 되길 바란다.

우리 시는 지속적으로 시민의 의견을 경청하고 정책에 반영하는 열린 시정을 확대하기 위해 노력할 것이다. 이를 위해 경청토론회와 원탁토론회, 기업인, 학부모, 청소년과의 토론회 등 찾아가는 경청의 장과 소통 플랫폼을 보다 확대하고 시민의 정책참여를 제도화하는 방안을 확대 추진하고자 한다.

마음에서 마음으로 전해진다는 이심전심. 참 어렵다. 그러나 진심을 전하기 위해 한자리에 모여 솔직한 심정을 이야기하고 상대방의 의견을 경청하는 것은 참으로 좋은 일이다. 이런 과정을 통해 마음이 열리고 이해가 되고 공감할 수 있기 때문이다. 앞으로도 나는 시민과 소통하기 위해 전심전력을 다할 것이다. 시민 모두가 하나로 통합되는 평택을 만들기 위해 쉼 없이 노력할 것이다.

경청토론회에 참석해 시민들과 함께 의견을 나누고 있는 공재광 평택시장

제2회 평택시 200인 원탁토론
'17. 8. 26.(토) 송탄국제교류센터 다목적홀

공재광
평택시장

공재광

200인 원탁토론회에 참석해 본인의 의견을 밝히고 있는 공재광 평택시장

2017년 6월 29일

행정의 변신은 무죄 !

제2회 시민 경청토론회

– 시민이 말하고 시장이 듣는다 –

어제도 변명보다는 많은 이야기를 들었습니다.

부족한 부분을 채우기 위해 아니, 시민이 무엇을 원하는지 알았습니다.

경청토론회가 시민의 만족을 100% 충족하지는 못하지만

토론회를 통해 시민이 원하는 것을 예산에 반영하여 정책을 추진한다면

그게 바로 소통, 협치를 넘어 평택형 거버넌스가 아닌가 생각이 든다.

많은 것을 듣고, 알고, 반성하는 순간.

부족한 행정의 속내를 보이는 것 같아 걱정도 했지만 그래도 좋다.

시민과 함께해서.

14 들녘의 땀을 나눌 수 있다면 기꺼이

농업경쟁력 제고

농업은 우리 평택시의 기본 산업이며 미래의 희망이다.

현재에도 평택의 42%가 농지인 도농복합도시이다. 지난 1995년, 3개 시군의 통합으로 탄생한 평택시는 한쪽에서는 첨단산업을 달리는 기업체가 유치가 되고 또 한쪽에서는 우리나라를 대표하는 농·특산물이 생산되면서 동반성장을 하고 있다. 나는 어릴 때부터 평택의 논과 밭을 보면서 자랐기 때문에 누구보다 평택에 있어 농업의 소중한 가치를 잘 알고 있었다.

평택시장에 취임하고 나서부터는 농업의 예산을 꾸준히 인상시키기 위해 노력했다. 국가와 경기도의 지원이 있었지만 미흡해 보였다. 2014년 618억 원이었던 농정분야 예산이 2017년에는 천억 원을 넘겼다. 전국에서 농업 예산을 이렇게 꾸준히 늘린 곳을 찾기 어려울 것이다.

이 덕분에 농림부를 찾아가더라도 당당하게 "전국에서 농업 예산 20%씩 늘리는 지역이 있나 찾아보라."라고 말할 수 있었다. 농림부 간부들도 농업 예산을 전국적으로도 줄이면 줄였지 평택만큼 늘리는 데가 없다 보니 긍정적인 시선을 갖게 되고, 오히려 그들이 다른 시·군에 가서 "평택 봐라. 농업 예산을 이렇게 늘리고 있다. 함께 가야 된다."라고 말할 수 있는 명분도 줄 수 있는 것이다. 이런 노력들이 모여 공모사업이라든지 농업 관련 프로젝트를 평택에 하나라도 더 유치할 수 있다면 이보다 더 좋을 수 없다.

한 번은 설 명절에 과수 농가를 방문한 적이 있었다. 그런데 수출이 원활하지 않아 창고에 과일들이 가득 쌓여 있었다. 그 모습을 보고 나는 모든 일정을 내려놓고 부산에 있는 희창물산(과일, 쌀 등의 농산품을 미국에 수출하는 업체)으로 달려갔다. 그리고는 "평택 과일의 우수성이야 세계가 다 아는 것이니 빨리 선적해서 수출할 수 있게 도와달라."며 떼 아닌 떼를 썼다. 시장이 직접 부산까지 내려와 떼를 쓰니 적잖이 놀라는 눈치였다. 다행히 희창물산의 수락을 얻어냈고, 그 이후에도 많은 도움을 받을 수 있었다. 미국에까지 날아가 배를 팔고 오기도 했다. 희창물산은 1년 매출만 2조 원에 달할 정도로 탄탄한 업체로 직접 운영하는 마트가 미국 뉴저지에 있었다. 그 현장에 직접 방문해 평택 농산물을 홍보하며 판촉행사를 개최했던 기억이 아직도 생생하다.

그러나 영농환경은 갈수록 어려워지고 있다. 그럴수록 이에 대한 대비를 철저히 해야 한다. 나는 평택의 농업 경쟁력 확보를 위해 과학과 친환경 기반을 갖춰 나가면서, 전문 농촌 지도인력 양성, 새로운 소득 대체작물 개발, 농촌지역 개발사업 등을 통해 농업의 관광자원화를 꾸준히 모색하고 있다. 또

평택시 농산물을 홍보하고 있는 공재광 평택시장

한 평택의 농·축산 브랜드인 '슈퍼오닝'에 대한 적극적인 마케팅과 새로운 판로개척, 농업인들의 숙원사업인 농민회관 건립과 로컬푸드 활성화, 한우 명품화 등 6차 산업 기반구축을 통한 농업경쟁력 강화를 위해 지속적으로 노력 중이다.

옛말에 '농자천하지대본(農者天下之大本)'이라 하였다. 농업이야말로 천하의 사람들이 살아가는 큰 근본이라는 뜻이다. 그러나 이제는 '농자IT지대본'의 시대가 되었다. 예전과 다르게 젊은 층의 귀농인구가 늘어나면서 농업도 더 젊어지고 똑똑해진 것이다. '농+IT=스마트팜'이라는 공식까지 등장했는데, 실제로 농가기술에 ICT를 접목해 만든 농장농가 평균 생산량은 약 20~30% 증가하고 인건비는 약 9% 감소했다고 한다. 이런 흐름에 발맞추어 우리 시에서도 젊은 농업인들에게 힘이 될 수 있는 다양한 투자가 이루어져야 할 것이다.

모내기를 하고있는 공재광 평택시장

공재광의 진심, 기록으로 남기다 | Chapter 4. 중단 없는 전진, 평택이야기 II

15 40년 묵은 사업을 해결하다

평택호 관광단지 조성 사업

예전부터 평택에는 주말이면 갈 곳이 없어 마트에 간다는 자조 섞인 이야기가 나올 정도로, 시민들이 편히 쉬면서 관광까지 할 수 있는 관광휴양 복합단지가 전무했다. 시장인 나에게는 뼈아픈 질책의 목소리로 들릴 수밖에 없었다. 그래서 나는 세계가 주목할 수 있는 친수형 복합관광 휴양지를 꿈꾸며, 평택호 관광단지 개발사업을 추진해 나갔다. 이는 평택의 물길을 활용한 관광 클러스터 조성의 일환이기도 했다.

이 사업은 현덕면 권관리, 신왕리, 대안리 일원 274만 3천㎡에 총 1조 8천억 원을 투입해 단순 휴식뿐만 아니라 문화, 체험, 관광, 쇼핑 등이 한곳에서 이뤄지는 원스톱 복합 관광휴양단지 개발사업이었다. 그러나 지난해 관광단지 최초로 제3자 제안공고를 시행했으나 응모자가 없어 재공고를 통해 다시 시행자 모집절차를 진행하게 되었다.

재공고는 민간투자의 제약요인이었던 부의 재정지원 실행에 융통성을 부여했고 호텔, 콘도 등에 대한 매각과 분양을 허용하는 등 사업성을 상당 수준 개선시켰다. 또 1차 서류 접수기간을 기존 30일에서 100일로 연장해 투자유치가 원활히 성사될 수 있도록 최선을 다했지만, 결과적으로 좌초 위기에 직면하게 되었다. 투자자인 기업에서 참여를 포기한 것이다. 실망감은 이루 헤아릴 수 없었다.

수십 년 동안 재산권이 묶인 주민 피해만 늘어났다. 큰 그림을 그려야 한다는 욕심을 버리고 실속을 차리는 것이 시민들을 위한 일이라는 생각이 들었다. 평택호 관광단지의 사업부지를 축소하고 도시개발공사 자체개발로 서둘러 개발하도록 하게 된 것도 시민들의 문화 여가환경을 하루빨리 만들어야 한다는 절박함 때문이었다. 특히 삼성, LG전자 등 대기업이 유치되고 외국계 기업들이 입주함에 따라 외국인 바이어들과 기술자들이 묵을 번듯한 호텔 하나 없는 것도 큰 아쉬움이었다.

마침내 2018년 들어서 40년 묵은 숙원사업을 해결하게 되었다. 시 자체 추진사업으로 전환시키며 평택시가 2021년까지 사업비 3,535억 원을 투입해 현덕면 권관리 일원 69만 4,000㎡를 관광단지로 개발하게 된 것이다. 시는 이에 따라 기존 부지 274만 3000㎡ 가운데 204만 9,000㎡를 관광단지에서 해제시켰다.

평택도시공사가 지방공기업평가원의 타당성 검토를 통과시키면 사업을 본격화할 계획이다. 즉 평택호에 관광호텔과 키즈파크 등이 들어서는 21만 평의 관광단지와 노을전망대를 조성하여, 온 가족이 함께 웃으며 찾을 수 있는 공간으로 환골탈태할 것이다.

다소 성급하긴 하지만 오는 2022년 평택호 관광단지 개발이 완료되면 경제적 파급효과는 약 4조 7천억 원으로 예상되며, 1만 1천800여 개의 일자리가 창출돼 시민 취업 안정에도 크게 기여할 것으로 기대된다.

평택호 관광단지 개발사업 참여 업무협약 후 참석자들과 함께 축하하는 공재광 평택시장

2018년 2월 8일

평택호 관광단지 자체조성사업 개발 참여 기업 MOU 체결!

관광단지로 지정된 이후 반복된 좌절과 실망.

이제는 40여 년간 기나긴 주민들의 피해의 고리를 끊어야겠습니다.

오늘 두 개 기업체*와의 MOU 체결은 시작에 불과합니다.

*(주)플레이앤케어, (주)이도, 앞으로 계속 유치 예정

21만 평에 관광호텔, 워터랜드, 생태체험관, 테마파크, 국제 문화거리,
회센터 등 다양한 명소를 유치하여 대한민국의 명품 관광단지로 만들겠습니다.

그동안 주민들께서 고통을 감내해 주신 것만큼
평택시와 평택도시공사가 반드시 성공시키겠습니다.
말보다 성과로 말하겠습니다.

불가능한 일을 가능하게 만드는 일이 시장이 해야 할 역할입니다.
민원발생을 두려워한다면 이룰 수 있는 일은 아무것도 없습니다.
현안이 있을 때는 소통하고 설득하고, 때로는 고집불통이라고 지적도 하지만,
일에 대한 결기, 불의와 결탁하지 않는 원칙하에 개인의 영달이 아니라
평택시의 품격을 높이고 가치를 높이는 일이라면 언제든지 달려가겠습니다.

언제, 어디서나 어떤 일이든 평택시 미다스의 손이 되겠습니다.

평택호 관광단지 개발계획 (안)

16 시민의 건강을 위한 발품팔이

아주대학교 병원 건립 협약

평택의 오랜 숙원사업 중 하나가 대학병원 유치였다. 평택에는 대학병원이 없어 응급환자가 발생하면 천안이나 수원, 심지어 서울로 이송되는 실정이었다. 아플 때 믿고 갈 수 있는 대학병원이 없다는 것은 시민들의 불평과 불만을 초래했고, 빈약한 의료자원 때문에 급격히 늘어나는 의료수요를 충족하지 못해 대학병원 설립에 대한 염원은 날이 갈수록 커지고 있었다.

시장에 취임한 이후 우리 시는 대기업의 투자, 급격한 인구증가 등 역동적인 도시로 발전 중이다. 지역경제 발전의 큰 그림을 그리면서 나는 브레인시티에 대학병원을 유치하고자 마음먹고 온 힘을 다해 뛰어다녔다. 서울대, 지방의 대학총장들을 찾아다니며 대학병원 유치를 위해 발품을 판 결과, 마침내 2018년 2월 12일 노력의 결실을 맺게 되었다. 평택시와 아주대학교가 '아주대학교 병원 등 건립을 위한 업무협약(MOU)'을 체결하게 된 것이다.

협약에 따라 아주대는 브레인시티에 500병상 규모의 병원 건립을 추진하게 된다. 구체적인 건립 계획은 2020년까지 수립할 방침이다. 앞 장에서도 언급한 브레인시티는 우리 평택도시공사와 브레인시티프로젝트금융투자(주)가 2021년까지 2조 4,231억 원을 투입해 도일동 일대 4.83㎢에 성균관대 캠퍼스를 포함한 첨단 복합산업 단지와 공동주택 등을 조성하는 사업이다.

협약을 맺은 양 기관은 평택 브레인시티 사업부지 약 2만 평에 500병상 이상

규모의 종합병원 등을 건립하는 데 적극적으로 협력하기로 하였으며, 향후 2년 이내에 구체적인 내용을 담은 이행각서 및 계약 등을 체결할 계획이다.

고급 의료진과 첨단 의료장비 등을 갖춘 아주대병원이 평택에 들어서면 급격히 늘어나는 경기남부지역의 의료수요를 충족시키고 시민들에게 양질의 의료서비스를 제공할 것으로 기대되고 있다.

나는 아주대학교와 MOU를 체결하는 뜻깊은 자리에서 다음과 같이 말했다. "평택시민들의 오랜 숙원이었던 대학병원 유치를 추진하게 되어 정말 기쁘다. 아주대학교와의 협약을 시작으로 향후 병원 준공까지 차질 없이 진행하겠다. "동석한 아주대학교 유희석 의료원장은 "아주대병원은 1994년 개원해 경기도 최초로 국제의료기관평가위원회 인증을 획득하는 등 국제적인 수준의 종합병원이다. 지역사회와 시민들에게 헌신하는 대학병원을 건립할 수 있도록 노력하겠다."고 화답했다.

아주대학교 병원 등 건립을 위한 업무협약을 맺고 있는 공재광 평택시장

2018년 2월 12일

평택의 빅 뉴스를 전합니다.
평택시, '아주대학교 병원' 건립을 위한 업무협약 체결

49만 평택시민의 염원인 대학병원 유치가 현실화되고 있습니다.
말이 아닌, 행동과 실천으로 보답하겠습니다.

대학병원 유치는,
민선 6기 평택시장인 제 공약사항이기도 하지만 시민과 약속한 사업은
반드시 지킨다는 일념으로 매진해 온 결과라고 생각합니다.

이제부터 시작이라고 생각합니다.
대학병원 건립을 위해서는 많은 행정절차가 필요합니다.
49만 시민과 함께 반드시 성공시키겠습니다.

이번 유치 협약을 체결한 아주대학교 병원은 브레인시티 일반산업단지 내에
건립할 계획이며, 평택시에서는 대학병원 유치 TF팀을 구성하여 차질 없이 진
행하도록 최선을 다하겠습니다.

앞으로 평택시민의 건강과 질 높은 의료서비스 향상을 위해 더욱 노력하겠습니다.

가능한 일이건, 불가능한 일이건 반드시 성공시키는 지역, 여기는 평택시입니다.

정치, 물욕 등 욕심을 내려놓으면 못할 것이 없다.

광수생각이 아니라 재광생각입니다. ㅎ

2014년 7월 평택시장에 취임한 이래 어느새 3년 반이라는 시간이 흘렀다. 그야말로 쏜살같이 날아간 시간이었다. 그동안 이룬 것도 있고 아직 미완인 것들도 있다. 그러나 그중 단 하루도 허투루 보낸 적은 없었다고 자부한다. 한눈팔지 않고 오직 평택시민과 평택발전을 위해서만 달려왔다.

나 역시 지금의 이 자리에 오기까지 처음부터 계획해서 된 것은 아니었다. 그때그때 상황 속에서 주어진 길을 가기보다는 내가 원하는 길을 찾아 나서고 만들어 나가다 보니 이런 결과가 있게 된 것이다. 이는 시정에도 똑같이 적용된다고 생각한다.

외부에서 볼 때 공무원 조직은 보수적이고 변화를 받아들이기 쉽지 않은 것처럼 보일 수도 있다. 그러나 요즈음의 공직자들은 창조적 사고와 자기계발을 위해 끊임없이 노력하고 있다. 나 역시 주어진 업무에 이러한 능력들이 발휘될 수 있도록 계속해서 스스로의 역량강화를 위해 노력해 왔다.

공무원 신분이라도 시대적 흐름과 변화에 대응하기 위해 노력을 기울인다면

궁극적으로 그가 속해 있는 조직의 발전에 밑거름이 될 것이다. 이는 결국 공무원 각자와 조직의 발전은 물론 국민이 만족하는 공공서비스를 제공할 수 있게 되는 것이다.

나는 남은 임기 동안에도 초심을 잃지 않고 시장으로서의 본연의 책무에 충실할 것이다.

비열한 정치는 하지 않겠다. 비굴한 시장은 되지 않겠다.

언제 어디서든 평택을 위해 진심을 다하는 시장으로서, 평택시민 모두가 환하게 웃을 수 있게 소신과 원칙을 지키며, 젊은 평택의 중단 없는 전진을 위해 노력할 것이다.

Chapter 5.
공재광의 생각정리 (기고문 모음)

[부록]

2014 취 임 사

2015 신 년 사

2016 신 년 사

2017 신 년 사

2018 신 년 사

경인일보
| 자치단상 |

2017년 01월 31일 (화)
13면 오피니언

공 재 광
평택시장

수줍은
고백

(잊을 수
없는 얼굴,
새벽 단상)

새벽에 눈을 뜹니다. 공직자로 일할 때 몸에 밴 습관입니다. 그러나 출근은 8시쯤으로 맞춥니다. 처음엔 새벽에 출근해 업무를 챙기기도 했습니다. 하지만 직원들에 부담을 주는 것 같아 마음을 바꿨습니다. 새벽에 일어나 책도 읽고 좋아하는 음악도 듣곤 합니다. 천천히 아침밥도 먹고 운동할 시간도 생겨서 좋습니다. 장마가 걷혔나 봅니다. 일정이 많은 시장에게 허락된 소소한 행복입니다. '민선 6기 성과'를 묻는 질문이 많았습니다. 민선6기 초선시장으로 당선되고 절반을 훌쩍 넘어와 있습니다. 성과를 곰곰이 생각해 보면 잊혀지지 않는, 아니 잊을 수 없는 소중한 얼굴들이 생생하게 떠오릅니다.

공직시절 습관 '새벽 기상' 책·음악·운동 소소한 행복

첫번째는 시장이 되고 나서 평택시 곳곳을 찾아다니며 만났던 시민들의 따뜻한 얼굴들입니다. 낯선 초선 시장에게 가슴에 담은 이야기를 들을 때마다 제가 시장으로서 무엇을 어떻게 해야 할 지 고민도 많았습니다. 멈췄던 해답을 내지 못해 최송한 순간도 있었습니다. 그래도 제 손을 따뜻하게 잡아주시며 잘하리라 믿는다고 힘 실어주신 시민 여러분을 생각하면 지금도 정직하고 성실하게 부족함을 줄여야겠다는 다짐을 합니다.

둘째, 오랜 시간 풀리지 않았던 숙원사업으로 힘겨워하던 주민 여러분입니다. 수년간 표류하면서 지역 주민에게 큰 고통으로 남았던 여러 사업이 우여곡절 끝에 지난해 차근차근 제자리의 불꽃이 트였습니다. 정말 길고 깊은 일들은 과장만이 아니었습니다. 다행스럽게도 브레인시티 사업은 올해 하반기 보상계획 공고가 이뤄지면 2018년 착공될 계획입니다. 에코센터와 자원순환지원센터 착공도 쉽지 않았습니다. 지역 주민과 대화를 나누고, 다른 지역 시설을 방문하면서 이견을 좁히는 노력을 계속했습니다. 작공이 될 때 첫 삽을 뜨던 생각을 하면 지금도 가슴이 먹먹합니다. 숙원사업 매듭을 위해 힘겨운 시간을 보낸 저와 지역 주민 모두 긴 터널을 빠져나

느낌이 아닐까 조심스레 생각해봅니다.

새벽별은 지난해 12월 개통한 고속열차 탑승 때 만난 어르신입니다. 평택 지제역에서 수서까지 20분, 부산까지는 2시간이면 연결되는 고속열차를 타신 어르신과 자리를 잡고 앉아 간단한 인사 몇 마디를 나누었습니다.

절반 훌쩍 민선 6기, 소중하고 정겨운 시민응원 생생

손때가 묻은 서울을 알렸고, 어르신은 크게 당황하지 아무말씀이 없으셨습니다. 지역세시사 300㎞에 육박하는 늦은 속도에 탄성을 지를 뻔했습니다. 어르신과 마주 보고 유쾌하게 웃으던 기억이 납니다. 물론 평택의 경제발전 승소로 기쁨이 넘치지만, 소통광장에서 산책하며 밝게 웃던 아이들, 평택호수 세계평화공원을 함께 가꿔가자고 덕담해 주신 관광객, 배다리생태공원 모두가 제게는 잊혀지지 않는 소중하고 정겨운 시민 여러분이었듯 장면이 떠오릅니다. 이번 설에 고향에 내려가 감지가 녁쉬에 대해 평가가 할 일들이 많아 벌써도 못했습니다. 최송함 따름입니다. 그러나 시정 전반에 올해는 우리 평택시가 대한민국을 새롭게 바꿀 신성장 핵심동력의 중심지로, 경제 분야 최고의 신도시로 우뚝 설 수 있도록 최선의 노력을 다해야 할 중요한 시기입니다. 쉽지 않은 여정이지만 최선을 다해 식원들과 시민과 함께해나가야 즐겁고 행복합니다.

신성장 핵심동력 중심지·최고 신도시로 여정 '든든'

오늘도 출근길 바쁘게 사무실로 들어갈 직원들을 생각하면 마음 든든합니다. 매일 묵묵히 한결같이 자신의 자리에서 책임을 다하고 있는 직원들과 '힘내라' '믿는다' 응원해 주시는 시민 여러분 마디 전하고 싶네요. 오늘은 모든 분들에게 수줍은 고백 한마디 전하고 싶네요. 평택시민 여러분, 공직자 여러분, 모두 고맙습니다. 그리고 사랑합니다.

21.7 X 17.5 cm

경기신문
특별기고

평택, 고속철도 시대 개막

공재광
평택시장

지난해 봄, 부산 벡스코에서 열린 대한민국 대표 특산물 직거래 박람회에 참석했었습니다. 평택시 대표 농특산물 브랜드 '슈퍼오닝'을 경남권에 소개하게 되어 마음이 기뻤습니다.

저는 승용차로 직원들과 함께 부산에 도착했습니다. 정겨이던 부산 사투리로 "배가 억수로 맛있네. 오이도 시원하고 달아 달아." "와! 평택시에 이렇게 큰 삼성전자 공장이 들어선단 말인가요? 처음 알았네."하며 관심을 보여주시는 부산시민들 덕분에 박람회는 성공적으로 마무리했습니다.

박람회 일정이 끝나고 정리하느라 바쁜 직원에게 제가 물었습니다. "부산엔 어떻게 왔어요?"

"KTX 타고 왔습니다. 아침 8시 30분에 집에서 출발해 평택역에서 대전역까지 갔죠. 거기서 40분 정도 기다리다가 부산행 KTX를 타고 1시간 부산에 도착했습니다."

"아유, 그럼 네 시간 넘게 걸렸네."

"네, 오늘 오전에 부산행 KTX를 탑승하려면 대전역까지 이동해야 하더라구요. 기다리고 이동하는 데 시간이 많이 걸렸습니다."

저는 직원의 손을 잡고 "수고 많았네."하며 격려했습니다. 그리고 마음 속으로 '아이고 고생했네 그려. 그러나 조금만 더 참아주게. 우리 평택에 고속열차 개통되면 말이야.' 하는 생각을 했습니다.

평택과 수서를 잇는 전용 고속철도 사업은 2011년 착공해 5년 동안 진행됐습니다. 긴 시간 오래불망 기다리던 고속열차가 12월 9일 드디어 개통됐습니다.

수서광명선을 달리는 고속열차 SRT 개통으로 앞으로 평택시민은 환승이나 이동 없이 평택 지제역에서 바로 고속열차에 탑승해 편리하고 빠르게 강남권·호남권으로 이동할 수 있습니다.

특히 서울 수서까지는 20분이 채 걸리지 않습니다. 평택~수서 전용구간은 총 길이 61.1km로 세계에서 세 번째로 긴 율현터널(50.3km)을 시속 300km/h의 속도로 운행길이 달립니다.

우리 시는 시민이 안전하고 빠르고 편리하게 고속열차를 이용할 수 있게 그동안 꼼꼼하게 고속열차 개통을 지원하고, 주변 환경 개선에 최선의 노력을 다해왔습니다.

저도 현장에 여러 번 나가 이용에 불편한 점은 없는지 점검하고 또 점검했습니다. 버스 승강장 위치는 적당한지, 주차장 이용에 불편은 없는지, 계단이나 편의시설 위치는 적당한지, 시민의 눈높이에서 두루두루 꼼꼼하게 확인했습니다. 물론 앞으로도 지속적으로 살펴 이용에 불편함이 없도록 점검하겠습니다.

벌써 부산, 광주로 고속열차 SRT로 이동하는 시민분도 만나봤습니다. 사통팔달 교통의 요충지 평택에 고속열차 개통으로 전국이 몇 시간 내 생활권이 현실화된 것입니다. 기쁘고 가슴 벅찹니다.

부산까지 2시간, 광주까지는 1시간 10분, 수서까지 20분이 연결됩니다.

평택에서 태어나고 자라고 공직을 시작한 토박이인 제가 직접 눈으로 보고 고속열차를 타고 확인해보니, 놀라운 게 솔직한 심정입니다. 상전벽해(桑田碧海), 뽕나무밭이 푸른 바다로 변한 것보다 더 놀라운 일들이 지금 이 순간 우리 평택에서 펼쳐지고 있습니다.

한국도시철도공사는 SRT 건설로 일자리 창출효과 7만 6천개, 건축 등 생산 유발효과 9조 5천억원의 간접효과가 발생한 것으로 추정됩니다. 그리고 앞으로 평택 지제역에 일일 이용자 수는 1만 2천이 될 것으로, 예상한 자료를 발표하기도 했습니다.

광명 지제역 개통으로 많은 사람이 평택을 찾고 평택에서 살고, 평택에서 일할 수 있는 여건이 탄탄하게 마련됐다고 봅니다.

명실상부한 대한민국 경제신도시로 도약하리라 기대도 한층 더 높아지고 있습니다.

하루하루 더 역동적이고 매력적으로 발전하는 도시 평택, 더 멋진 평택의 미래를 위해 한 걸음 한 걸음 더욱 성실하게 달려가겠습니다. 고맙습니다.

23.7 X 14.7 cm

경인일보
| 자치단상 |

공 재 광
평택시장

소통으로 함께 하는 평택

2017년 03월 28일 (화)
13면 오피니언

시민 여러분과 만나는 시간은 늘 즐겁고 행복합니다. 그러나 어떤 말씀을 하실지 긴장되는 게 솔직한 심정입니다. 얼마 전 시청 대회의실에서 '시민의 소리' 경청 토론회가 열렸습니다. 저는 젊은 주부들이 미세먼지로 아이의 건강과 생활에 많은 어려움을 겪고 있다는 이야기를 들었습니다.

그리고 망설임 없이 바로 '미세먼지와 악취 없는 평택, 어떻게 준비할 것인가'라는 주제의 경청 토론회를 개최했습니다. 시민, 전문가, 공직자가 함께 모여 현실적인 토론을 이어갔습니다. 시정 책임자로서 참석자들의 날카로운 지적에 무거운 책임감을 느꼈지만, 시민과의 소통으로 더 살기 좋은 평택을 만들 수 있다는 희망을 보았습니다.

민선 6기 시장으로 당선되고 저는 제일 먼저 평택시 곳곳을 돌며 시민의 이야기를 들었습니다. '가뭄으로 불타서 어렵다', '쌀값 때문에 속상하다', '대학입시는 정보가 생명인데, 몰라볼 꽃이 많다', '일자리가 급한데, 걱정이 많다'는 시민들의 이야기를 가슴에 담았습니다. 농업 예산 증대, 대학입시 설명회·박람회 개최, 대기업 산업단지 유치, 청년·중장년·경력단절 여성 취업교육 및 일선 주요 정책사업들은 바로 시민이 들려주시고 제 가슴에 담은 이야기에서 현실화됐습니다. 시민 여러분과 함께 소통하면서 주요 정책과 사업의 방향을 찾았습니다.

시장으로 일하다 보면 행사 일정이 만만치 않습니다. 그중 '시민공감마당'이 마음이 더없이 쓰입니다. 시민과 시장이 만나 대화하는 장입니다. 한 달에 두 번 열리는데 매번 진행할 때마다 머리 시민의 어려움을 파악하고 해결방안을 곰곰히 궁리합니다. 주민 몇 분과 만나봅니다. 시민과 머리를 맞대고 솔직하게 이야기를 나눕니다. 시민입장에서 이야기를 하고 해결방안도 논의합니다. 이야기를 끝낸 시민이 '시장을 만나 하고 싶은 말을 다하니

**현실적 문제, 시민·전문가 해결방안 토론
주민이 시정주인 되도록 거버넌스팀 신설
각계각층의 다양한 목소리 반영위해 노력**

속이 시원하다'며 밝게 웃으고, 제 맘도 가볍고 가뿐습니다.

그리고 지난해 7월 우리 시에서는 거버넌스팀을 신설했습니다. 일방적인 전달이 아닌 시민과 시가 소통하고, 시민이 시정의 주인이 될 수 있게 지원하는 거버넌스팀. 시에서는 거버넌스팀을 통해 각계각층 시민의 다양하고 작은 목소리에 귀 기울이고 있습니다. 거버넌스팀과 함께 경청토론회, 원탁토론회, 시민공감마당, 시민과의 대화, 소셜TV 모두 시민과 소통하며 시민과 함께 시정을 꾸려가기 위한 시의 노력입니다. 시민들의 여러 의견을 듣고 반영하는 과정이 쉽지 않고 조금 더딜 수는 있지만 가장 바르고 아름다운 길이라고 저는 생각합니다.

시민이 이야기하고, 시장인 저는 듣습니다. 시민의 목소리를 듣고 시민과 함께 만들어가는 참 멋진 도시, 바로 평택입니다. 앞으로도 '함께하는 시정 운영의 주요가치·키워드입니다. 멀고 힘든 길을 빠르고 즐겁과 함께하는 것입니다. 시민과 시가 마음을 모아 '함께'한다면 더 멋지고 놀라운 일들을 해내리라 믿습니다.

평택시는 '평택항 배후단지 개발', '브레인시티 사업 재추진', '평택호관광단지 투자유치', '미군기지 이전사업', '고덕국제신도시 등 각종 도시개발', '교육환경 개선 및 대학병원 유치사업' 등 미래 평택을 위한 사업들을 하나하나 차질없이 추진하고 있습니다.

전국에서 가장 발전 가능성이 높은 도시 평택에서 괄목할만한 성장을 이뤄낸 경기도는 평택이 되기 위해서는 시와 시민이 함께 손을 잡고 한곳을 바라보며 걸어가야 합니다. 이 모든 과정에서 가장 중요한 성공동력은 '함께'입니다.

오늘보다 내일이 더 빛날 매력적인 도시 평택의 주인공인 시민 여러분, 기쁜 마음으로 함께해 주십시오.

21.7 X 17.3 cm

경인일보
| 특별기고

이심전심을 가능케 하는 경청(傾聽)의 힘

공 재 광
평택시장

두 아들 모두 대학 입학과 동시에 집을 떠났습니다. 늘 품 안에 있을 것만 같았던 아들의 부재로 아내와 저는 걱정도 많고, 애틋함도 커졌습니다.

문득 작은아들이 잘 지내는지 궁금해 전화했더니 지금 아버지 생각을 했다며 우리 '이심전심' 이라고 하길래 기분이 좋아 크게 웃었습니다. 이심전심, 맞습니다. 작은 행동 하나로 상대방의 마음을 읽는 일은 참 어려운 일입니다.

많은 심리학자, 과학자가 사람 마음을 읽는 방법을 찾으려고 연구하고 있지만 쉽지 않습니다. 사람의 마음을 과학적 데이터로 분석하는 일이 과연 가능할까요.

얼마 전 하반기 시민과의 대화 일정을 끝냈습니다. 주민센터에서 만난 시민께서 저를 반겨주십니

다. 그리고 "시장 만나기가 쉽지 않은데, 어떻게 얼굴을 보니 좋다"고 하십니다. 그러면 제 마음이 불편합니다. 일을 제대로 하지 못한 듯해서 송구한 마음이 듭니다. 그래도 '이심전심' 시민께서 제 마음을 알아주셨으면 하는 바람을 가져봅니다.

시장의 마음을 시민이 알아주시고, 시민의 마음을 제가 잘 헤아린다면 얼마나 환상적인 시정을 펼칠 수 있을까요. 2년 동안 시정을 알리고 싶어 구두가 닳도록 참 많이 뛰어다녔습니다. 기회가 있을 때마다 우리 시 발전 계획, 각종 현안, 복지 서비스에 대해 전하려고 노력했습니다.

그런데 마음까지 전하는 건 쉽지 않습니다. 하지만 2년동안 시장으로 일하면서 제 마음을 전하고 시민 여러분의 마음을 헤아리는 좋은 방법을 찾았습니다. 바로 경청(傾聽)입니다.

언제부터인가 주민센터, 학교, 기업체, 거리, 전통시장에서 시민 여러분의 이야기를 경청하다 보니 구부정하게 서있는 저 자신을 발견합니다.

눈을 잘 맞추고 잘 들으려 하니 점점 더 구부정해

지는 듯합니다. "아니, 왜 반듯하게 서 있지 못하고 구부정한 게야"하고 꾸짖으셔도 어쩔 수가 없습니다.

"무료 예방접종을 해준대서 보건소에 갔더니 사람이 너무 많아, 기다리기 힘들었다"는 어르신, "우리 발라에도 도시가스가 들어왔으면 좋겠는데, 연료비가 비싸 추위가 오면 겁이 난다"는 아주머니, "삼성전자가 가동하면 취업이 쉬워질지 궁금해요. 취업하기가 너무 힘들다"는 대학생, "전통시장을 찾는 시민들이 점점 줄어 걱정이에요. 이제 곧 겨울이 오는데…"라는 시장상인 등등 이처럼 시민들의 다양한 말에 좀 더 귀를 기울이다보니, 어떻게 해야 할지, 어떤 이야기를 해야 할지 해답이 보입니다.

마지막으로 저를 기쁘게 했던 아들과의 이심전심 역시, 바쁜 아버지를 생각하고 전화 자주 하라고 끊임없이 강조했던 아내 이야기를 경청했던 아들의 효심이야말로 값진 걸 얼마 전에야 알았습니다.

사랑하는 연인, 가족들이 오랜 시간 마음을 열고 함께 생활해도 쉽지 않은 '이심전심'의 비밀은 바로 경청이 아닐까 싶습니다.

21.8 X 12.1 cm

경기일보

2017년 04월 07일 (금)
22면 오피니언

위기의 순간에서 더 빛나는 평택

│ 경기단상 │

공재광
평택시장

수개월 동안 대한민국은 탄핵정국으로 혼란스러웠습니다. 정국 불안으로 경제도 타격을 입었고 시민 생활도 어려워졌습니다. 위기의 순간을 겪으면서 저는 시장으로서 막중한 책임감을 느꼈습니다.

이때 저는 산업단지 건설현장, 기업체, 구제역 예방 접종 현장을 찾아 공사 진척도와 안전대책을 점검했습니다. 전통시장, 학교, 경로당, 유관 기관도 방문해 어르신, 학생, 시민 여러분을 만났습니다. 만나면 먼저 안색부터 살핍니다. 불편한 점, 건의사항을 묻고, 솔직한 답변도 귀담아들었습니다. 혼란한 시국, 지역 경제 안정화를 위해 주요 공직자들과 수시로 대화하고, 회의를 열어 논의하고 대책 마련에 총력을 기울였습니다.

3월 10일, 탄핵 인용 결정이 났습니다. 11시 30분 저는 공직자들과 '탄핵 인용에 따른 긴급회의'를 열었습니다. 실·국·소장, 읍·면·동장 등 간부공무원과 긴급 현안을 하나하나 꼼꼼하게 논의하고, 시민 생활에 티끌의 불편함도 없게 담당 공무원들이 현장을 찾아 빈틈없이 살필 것을 당부했습니다. 그리고 공직자로서 책임감을 갖고 자신의 업무를 수행해 줄 것을 강조했습니다.

오후에 경찰서, 소방서, 교육지원청, 고용노동지청 등 유관기관장, 주민자치위원회, 새마을지도자협의회, 자율방재단 등 단체장들과 함께 간담회를 열어 차분하게 대응하기로 결의했습니다.

회의를 끝내고 시국을 걱정하는 시민 여러분들에

게 "존경하는 시민 여러분, 평택시장과 1,800여 명 공직자들은 지역 안정과 시민의 불편 해소를 위해 대책활동을 펴며 현장 행정을 강화하겠습니다. 시민 생활과 밀접한 공사 현장을 찾아 시민의 안전도 꼼꼼하게 챙기겠습니다. 특히 어려운 시민 여러분의 삶이 불편하지 않게 제때제때 안부를 여쭙겠습니다"라는 내용의 문자를 발송했습니다. 어려울 때일수록 현장을 신속하고 투명하게 시민에게 알리는 게 중요하다는 것, 저는 누구보다 더 잘 알고 있습니다.

2015년 5월, 메르스 발병으로 우리 시는 심각한 어려움에 봉착했습니다. 그때 저는 시장 명의로 문자(뼈뜨)를 투명하게 운영해야 한다는 신념으로 모든 정보를 공개했습니다. 매일 메르스 현황과 시민 행동요령을 문자로 안명습니다. 투명한 소통 행정으로 메르스 상황은 진정국민을 맞았습니다. 7월 초 메르스는 확진자·격리자 하나 없이 종결됐습니다. 지금도

그때를 생각하면 마음이 무겁고 손에서 땀이 납니다. 그래도 어렵고 힘겨웠던 시기를 극복할 수 있었던 것은 공직자, 시민 여러분이 마음과 힘을 모아주셨기 때문이라고 생각합니다.

요즘 저는 진위천시민유원지, 서정동, 오성면, 신장1동 등 청소현장을 찾아 시민과 함께 해묵은 쓰레기 더미를 치우느라 바쁩니다. 소통공원, 농업생태공원, 용죽지구공원 등 공사 진척상황과 위험한 곳은 없는지 미진한 부분이 없는지도 살핍니다. 우리 시 주요 사업이므로 매의 눈으로 냉철하게 점검해야 합니다. 지난달 19일에는 국비 287억원을 지원받는 '진위·안성천 두강물 프로젝트' 현장을 찾았습니다. 자전거로를 달리면서 천예의 자연조건을 갖춘 이곳을 지역경제와 어떻게 접목하면 좋을지 관련 공직자와 함께 논의하기도 했습니다. 현장을 방문하면 저보다 더 바쁜 시민 여러분과 만나게 됩니다. 자신의 자리에서 열심히 일하는 시민의 땀으로 우리 시가 도약하고 있다는 생각에 감사의 마음이 됩니다.

만나는 시민들에게 '너와 내가 함께하는 우리는 평택시민입니다, 너와 내가 함께하는 우리는 대한민국 국민입니다'라고 말씀드립니다. '분열과 갈등보다는 화합과 통합입니다' 라고 외치며 위기의 순간에서도 흔들리지 않고 힘을 주는 시민, 공직자 여러분과 함께하니 더 든든하고, 더 따뜻하고, 더 행복합니다.

23.1 X 16.9 cm

경기신문
특별기고

2016년 06월 17일 (금)
17면 오피니언

도전하는 젊음이는 아름답다

공재광
평택시장

젊음은 그 자체로 충분히 빛나고 아름답습니다. 젊은이들을 바라보면 절로 얼굴에 미소가 번지며, 이들의 미래를 축복하게 됩니다.

6월 3일, 저는 평택고등학교에서 열리는 아침 노을 콘서트 '평택시장과의 열린 대화' 현장에 다녀왔습니다. 어린 학생들의 평택 사랑에 깊은 감동을 받았고, 평택의 발전과 더 나은 교육 환경을 제안하는 이야기들이 쏟아져 시장으로서 열심히 일해야겠다는 다짐도 했습니다.

지난 5월 29일에는 평택시 예향장학재단의 장학금 전달식도 있었습니다. 고등학생 68명, 대학생 80명 총 148명에게 장학금을 전달했습니다. 학생들은 요즘같이 어려운 때 부모님의 부담을 조금이나마 덜 수 있게 돼

서 다행이라며 밝게 웃었고, 부모님들과 자리를 함께한 저는 성실하고 대견한 청년들을 바라보며 행복한 시간을 보냈습니다.

모두 소중한 우리의 인재입니다. 자신의 미래를 준비하며 자신의 자리에서 열심히 최선을 다하는 젊은이들을 만날 때마다 행복하고 흐뭇합니다. 그러나 마음 한구석에는 안쓰러움과 걱정도 많습니다. 빛나는 청춘을 보내야 하는 이들이 현실의 어려움으로 인해 자신의 미래와 삶의 가치를 놓치지는 않을까 걱정도 됩니다. 청년들의 고단함을 알기에 이들에게 실질적인 도움을 줄 수 있는 방법을 찾으려 늘 고민하고 있습니다.

요즘 청년들은 졸업을 해도 취업하기가 만만치 않습니다. 청년 취업은 이제 더 이상 이들 스스로 해결할 수 있는 문제가 아닙니다. 이들이 당당한 사회인으로 제 몫을 다할 수 있게 우리 모두가 적극 나서야 합니다.

우리 시는 지난해부터 대학생 인턴을 선발해 시청, 읍·면·동 주민센터에서 행정업무나 현장조사 등의 업무를 경험할 수 있는 프로그램을 마련했습니다. 대학생 인턴에 참여한 학

생들은 시의 행정을 가까이에서 배울 수 있는 좋은 기회였다는 소감을 밝혔습니다. 학생들의 소감을 들으면서 저는 대학생 인턴 활동이 이들에게 도움이 된다는 생각에 안도의 한숨을 길게 내쉬었습니다. 2016년 1월 겨울방학 한 학기 중에 약 109명이 대학생 인턴으로 활동했고, 올 여름방학에도 75명이 공개추첨을 통해 대학생 인턴으로 일할 예정입니다.

이와 함께 청년 창업을 위한 지원도 전략적으로 이루어지고 있습니다. 우리 시는 청년들의 일자리 창출을 지원하기 위해 대학생 인턴사업, 기업 청년 인턴사업, 청년 일자리 펀드사업 등 총 10개사업에 31억 7천만원의 예산을 업체에 지원할 계획입니다.

이와 함께 올해 중소기업청에서 공모하는 '청년상인 창업 지원사업', 청년몰 조성 공모사업'에도 최종 선정돼 약 8억7천800만원의 지원금도 받아 청년 창업을 할 수 있게 됐습니다.

창업, 특히 아무런 경험도 없는 젊은 이들에겐 결코 만만치 않은 도전입니다. 우리 시는 청년들의 창업이 제대로 뿌리내릴 수 있게 체계적인 지원 프로그램을 마련해 지원할 계획입니다. 중앙시장

과 통복시장의 빈 점포에서 자신의 사업을 시작할 청년들에겐 임차료, 인테리어, 창업 컨설팅, 홍보 마케팅 관련 지원과 교육이 이루어집니다. 특히 통복시장의 빈 점포 20개는 청년몰로 조성됩니다. 청년 상인들이 모인 쇼핑몰로 꾸며지며, 지역문화와 기술·디자인이 융합된 공간으로 열정과 아이디어가 돋보이는 개성 있는 청년상업 공간으로 거듭나게 됩니다. 입점 후에도 청년들이 안정적으로 정착할 수 있게 공동마케팅, 전문가를 통한 창업 실무 교육, 업종별 전문 교육 컨설팅 등 현장 중심 교육을 계속할 계획입니다.

처음이라 우리 시도 청년에게도 쉽지 않은 도전입니다. 그러나 젊은이들이 꿈을 펼칠 수 있는 기회가 생긴다는 것이 얼마나 다행인지 모릅니다. 처음부터 성공할 수는 없습니다. 한걸음 한걸음 더디지만 최선을 다해 성실하게 걸어가면 목표를 달성할 수 있다고 생각합니다. 청년들이 자신의 소질과 능력에 맞는 일을 하고, 정당한 보수를 받으며, 미래를 계획하며 행복하게 살아갈 수 있는 삶, 쉽지는 않겠지만 그런 세상이 곧 오리라 믿습니다.

21.7 × 14.7 cm

2017년 06월 27일 (화)
13면 오피니언

경인일보
| 자치단상 |

공재광
평택시장

그래서 저는 오늘도 바쁜 시장입니다

2014년 봄, 작은 배낭 하나 둘러메고 평택시 곳곳을 살폈습니다. 논, 밭, 경로당, 학교, 시장을 찾아가 시민 여러분과 마주 앉아 이야기를 나눴습니다.

김도 매고, 모판도 옮기면서 농사짓기 불편한 점은 없는지, 학교 주변 쓰레기를 주우며 유해시설은 없는지, 통학로는 안전한지, 급식은 맛있는지, 꼼꼼하게 물었습니다.

진솔하게 이런저런 이야기를 나누다 보면 시민분이 갑자기 저게 "뉘신가?", "뭐하는 분이셔?" "평택시장에 출마한 '공재광'입니다." 시장에 출마한다는 말에 놀라 자리를 피하는 분도 있었지만, "열심히 하세요" 라고 격려하며 손을 잡아주신 분들도 많았습니다.

2017년 여름입니다. 벌써 3년의 시간이 흘렀다는 사실이 실감나지 않습니다. 제가 시장 출마하겠다고 말할 때 지인들은 '남들이 부러워하는 공직을 왜 내려놓냐'며 걱정하셨습니다.

그러나 고향 평택을 위해 일하겠다는 '나와의 약속'을 지키기 위해 출마를 결심하고, 자역 현안을 검토하고, 대안을 마련하고, 선거에 임했습니다.

그리고 그 모든 순간이 행복하고 가슴 벅찼습니다. 시장은 길고 굴곡 있는 길을 시민이 편하고 쾌적한 도로로 바꾸는 사람입니다. 시장을 운영하다 보면 풀어 무성하고 좁고, 한지 않도 보이지 않는 험한 길도 있었습니다. 시장을 책임자가 하는 시장의 저는 앞으로 나가, 돌부리도 제거하고, 길도 메고, 흙도 다지면서 길을 만들었습니다. 몸이 많이 들고 고된 길을 걸음 걸음 공직에서 차별하게 배웠던 경험, 지식, 언 땔들과 큰 힘과 알림림이 되었습니다. 30년 공직생활서 평택시장으로 일을 잘하기 위한 수련기였다는 생각도 들었습니다.

지난 3년의 시간은 '대한민국 경제신도시 평택'의 도약 발판이 됐습니다. 경기도에서 산업입지가 가장 활성화된 도시, 성장 가능성이 높아 '평택의 미래가 대한민국의 미래'라 할 만큼 대

한민국 중심도시로서의 위상과 가치를 인정받고 있습니다.

특히 삼성전자 반도체 산업단지 가동, LG 산업단지 확장 운영, 쌍용자동차 경영 정상화, 브레인시티 산업단지 추진, 평택항 신생매립지 귀속 결정에 따른 항만 배후단지 개발 등이 빠르게 진행되면서 미래산업 발전의 견인차가 될 4차 산업혁명의 중심지로 거듭나고 있습니다.

이 모든 과정을 시민과 함께한 저는 행복한 시장입니다. '대한민국 신성장 경제신도시'라는 평택의 큰 그림을 완성하기 위해 시민의 목소리에 귀 기울이고, 시민의 어려움을 해결하기 위해 고민하고, 회의하고, 대책을 마련하고, 중앙부처를 찾아가 도움도 청했습니다. 시민의 목소리와 소통을 통해 사업을 만들고, 정책이 됐습니다. 경제 살리기, 일자리 창출, 기반시설 확충 등 경제의 동력을 제대로 마련하기 위해 발로 뛰어 차별한 3년을 보냈습니다.

요즘 저는 아침에 일어나면 창문을 열고 손바닥을 빠듯이 펴고 하늘을 올려다봅니다. 가나긴 가뭄이 끝나고, 단비가 내리길 간절히 바라는 마음입니다. 스마트폰으로 미세먼지 수치도 확인합니다. 그리고 학교로, 직장으로 향하는 시민들의 뒷모습을 바라봅니다.

'오늘은 근처 관광단지로 가족 나들이를 갈까', '삼성전자 조기 가동으로 일자리가 많아져 다행이다' '결혼, 집 장만, 출산, 더 이상 미루지 말아야지' '렌트프로젝트 성공으로 미세먼지, 악취가 확실히 줄어들어' 라며 일상을 즐기는 행복한 시민들의 모습을 상상해봅니다.

그러나 이런 상상은 먼 미래가 아닌 평택이 지금 차근차근 준비하고 있는 마스터플랜입니다. 조금이라도 앞당기고 '미래를 향한 중단없는 전진'이 어우러진 지도를 향자 앞을 보고 달려가겠죠. 지금 해온 일보다 앞으로 할 일이 더 많습니다.

그래서 저는 오늘도 바쁜 시장입니다.

21.7 X 17.3 cm

> 신성장 경제신도시 완성위해 '치열한 3년'
> 요즘 시민들 행복한 일상모습 상상해 본다
> 마스터플랜 실현위한 중단없는 전진 필수

한 아이를 키우려면 온 마을이 필요하다

▮ 경기단상 ▮

공재광
평택시장

참담한 심정입니다. 꼭 살아만 있기를 간절히 바라던 온 국민의 희망이 무너지고 말았습니다. 절망으로 마음이 아픕니다. 얼마나 힘들고 아프고 배가 고팠을까. 어린 아이의 고통과 아픔은 상상만으로도 끔찍합니다. 온 국민을 분노케 한 사건이 안타깝게도 우리 시에서 발생했습니다. 먼저 고 신원영군의 명복을 빌며, 하늘나라에서 더 이상 고통 받지 않고, 사진에서 봤던 천진난만한 옷음을 간직한 채 지내기를 간절히 기원합니다.

'한 아이를 키우려면 온 마을이 필요하다'는 격언이 있습니다. 한 아이가 성인으로 성장하려면 부모와 함께 온 마을 사람들이 정성을 기울여야 한다는 뜻입니다. 어린이는 단순한 의식주뿐만 아니라 따뜻한 사랑, 격려, 관심, 교육 등 여러 조건이 충족되어야 비로소 건강하고 올곧은 사회 구성원으로 성장할 수 있습니다.

예전 제가 어릴 때에는 길에서 만나는 모든 어른들께 인사를 했습니다. 인사를 드리면 당연히 제 이름을 불러주시며 어께를 토닥여주셨습니다. 그분 모두 저를 잘 아셨고, 저의 부모님도 잘 아시는 동네 어르신들이었습니다. 또는 친구들의 부모님이셨기에 항상 인사드리고, 어려운 일이 생기면 도움을 받는 일도 많았습니다. 부모님이 먼 곳으로 외출이라도 하시면 친구 집에서 밥 먹는 일도 다반사였지요. 지금 가만히 돌어켜 생각하면 이런 동네 모든 어르신들의 관심과 격려가 제 성장의 커다란 자양분이었고 생각합니다. 그러나 점점 핵가족화되고, 남의 일에 관심을 갖는 일이 이상하게 여겨지는 사회가 되었습니다. 이웃집에 누가 사는지조차 모르고, 어린 상황이 전혀 이상하지 않은 세상이 되었습니다.

세상은 점점 더 복잡해지고, 강력 사건의 발생빈도는 점점 늘고 있습니다. 생각할 수조차 없는 무섭고 잔인한 사건들을 접하면서 온 국민은 분노합니다. 그러나 이런 일들이 일어나지 않게 예방하고, 철저한 대책 마련은 아직도 부족한 것이 사실입니다.

우리 시는 지난해 7월, '경기평택아동보호전문기관'을 개소했습니다. 그동안 아동학대 사건이 발생하면 다른 지역에 자리잡은 아동보호전문기관의 도움을 받았던 우리 시는 '경기평택아동보호전문기관' 개소로 학대받는 아동들을 빠르게 보호하고 도울 수 있게 됐습니다.

소사동 동방평택복지타운 내에 자리잡은 이곳에서는 상담실, 치료실, 녹화실, 자료실, 대기실 등을 갖추어져 있고, 아동학대 신고를 받으면, 현장조사, 응급보호, 상담 치료 등을 실시하고 있습니다.

아동학대는 집안에서 이루어지는 경우가 많기 때문에 찾아내기가 쉽지 않습니다. 학대 받는 아동이 있다고 생각되면, 먼저 좀더 세심하게 아동을 관찰해야 합니다. 그리고 학대받고 있다면 경찰서(112), 보건복지콜센터(129), 경기평택아동보호전문기관(031-652-1391)으로 전화를 걸어 도움을 주셔야 합니다.

이젠 더 이상 가만히 바라보고 침묵만을 지킬 때는 아닙니다. 때늦은 후회란이 엄습합니다. '만약에' 라는 덧없는 말을 하는 것조차 부끄럽습니다. 더 이상 구조의 손길을 애타게 기다리는 어린 이들을 모른 척해선 안됩니다. 우리 시는 이번 고 신원영군의 사건을 접하면서 복지 사각지대에서 어려움을 겪고 있는 어린이들의 안전을 위해 적극적으로 찾아나서는 노력을 계속하겠습니다.

사회복지 관련 공무원과 각 읍·면·동 주민센터, 어린이집·유치원 연합회, 지역아동센터, 교육지원청 등과 협조하여 학대아동을 찾고 보호하겠습니다. 아동학대 예방교육을 지속적으로 실시하겠습니다.

소중한 우리의 아이들은 가족과 온 도시가 함께 정성을 다해 양육해야 합니다. 두 아들을 키우는 아버지로서, 시를 운영하는 행정수장으로서 말할 수 없이 절망감을 느끼고 슬프고 괴롭습니다.

그러나 슬픔서 주저앉기보다는 어린이들이 행복하고 자신의 꿈을 펼치며 건강하게 성장할 수 있게 지켜야 합니다.

어린 동생의 사건으로 힘겨운 시간을 보내는 어린 누나가 하루속히 정상적으로 생활할 수 있도록 시는 종합적인 관리 프로그램을 준비하고 안정된 주거대책, 생활비 지원, 학습비 등을 지원하겠습니다.

그리고 아동보호를 위한 종합관리체계도 다시 한번 점검하겠습니다. 너무나 안타까운 마음으로 고 신영원군을 끝까지 지켜주지 못한 책임을 어른의 일원으로, 아니 46만의 수장으로 다시 한번 죄송하다는 말을 전합니다.

경기일보

2015년 03월 09일 (월)
22면 오피니언

평택항은 평택에 있습니다

| 경기단상 |

공재광
평택시장

'카톡, 카톡~' '평택·당진항 서부두에 정박 중인 선박에서 화재발생. 출동 선착한 평택 포승119 센터에서 초기진압 성공. 더 이상 대형선박화재로 번지지 않음. 평정구역상 당진관할이라 당진소방서 여 현장 인계하고 철수합니다.'

지난 1월 29일 평택·당진항 서부두에 정박 중인 선박에서 화재가 발생했을 때 스마트폰으로 들어온 소 고입니다. 얼핏 들으면 이웃한 소방서 간 일사불란한 협력체계가 이뤄진 것으로 보였을지 모르지만 사실은 행정낭비의 민낯을 드러낸 부끄러운 사례입니다.

화재사고가 있었던 평택·당진 서부두는 평택시 육지와 연결되어 있고 도로, 상·하수도 등 각종 지원시설을 평택시가 제공하고 있지만 행정적으로는 당진시 관할입니다. 이렇다보니 선박 화재 같은 긴급상황에서 비효율적으로 처리될 대형 사고로 번질 우려가 항상 잠재해 있습니다. 행정적으로 볼 때 유기적인 협력체계가 아니라 단절현상이 발생한 것입니다.

당초 '아산만 종합개발계획'(1995년)은 지역특성과 국가경쟁력 확보 차원에서 평택의 평택·포승지구, 화성의 화성지구, 아산의 공세지구, 당진의 송악·석문지구 등 6개 지구로 나뉘어져 있었습니다. 이 가운데 포승지구 개발이 처음부터 당진·아산과는 구별되는 평택 관할로 시작됐고 평택의 해변과 갯벌을 매립한 지역이라는 의미입니다. 그러나 개발 진행 과정에서 바다 건너에 있는 당진시가 관할권을 주장하는 어이없는 일이 벌어지면서 지역적인 갈등과 법적 다툼이 계속되는 안타까운 상황이 이어졌습니다.

지난 2004년 헌법재판소는 "바다도 지자체의 관할구역에 포함되고 그 경계는 성문법적 경계선은 없지만 관습적으로 존재하는 지형도상 해상경계선이 존재한다"며 포승지구를 평택시와 당진시로 관할구역을 쪼개는 어이없는 일이 벌어졌으며, 개발이 진행되면서 심지어 아산시까지 관할을 주장하고 나서는 일이 벌어졌습니다.

헌법재판소는 당시 결정에서 "이러한 법해석의 결과는 불합리함이 발생할 수 있으며 그러한 우 국가가 법으로 경계를 변경할 수 있다"는 의견 달아 매립지 관할을 정하는 법리적 불합리 과 향후 합리적, 효율적으로 결정할 수 있다는 여지를 남겼습니다.

헌법재판소 결정 이후 현실적인 관리는 평택시가 하고 있으나 행정관할을 당진시가 하고 있음으로 인해 긴급상황뿐 아니라 도로, 교통, 상·하수도 통신 등 기반시설 지원과 생활쓰레기, 소방, 우편, 택배에 이르기까지 입주기업에게 생활권의 환경에 많은 혼란과 불편을 야기하고 있습니다. 특히 우

편·택배는 해당 기업체까지의 배달이 거부되고, 차량 등 각종 재난사고의 초기 대응에도 많은 문제점을 드러내고 있는 실정입니다. 평택시는 대 이러한 불합리한 입장에서 희생해 왔습니다!

평택시는 항만경쟁력 확보와 이용자 편익증진을 위해 도로, 전기, 통신, 상·하수도, 배후부지, 공단, 교통시설 등 부지개발에 필요한 모든 기반시설을 지속적으로 제공해왔으며, 개발과정에서의 교통체증, 도로파손, 쓰레기·분진 소음 등 환경오염과 땅 은 위해요소를 거기에 급수하고 매립지역의 청소·재설작업도 평택시가 하고 있습니다.

그러나 포승지구 매립지 귀속 자치단체 결정 청 이후 5년이 지난 지금까지 결정이 미뤄지면서, 평택시에 계속적인 희생을 강요할 뿐 아니라 위법한 관할구역 고착화, 자치단체 간 정치적 힘겨루기 등 갈등의 끝을 깊어지게 하고 있습니다. 이로 인해 시급히 경쟁력을 갖추어야 할 평택·당진항 발전이 지연될까 심히 우려되고 있습니다.

바다를 매립한 땅은 이제 헌법재판소 손을 떠나 2009년 4월 개정된 지방자치법에 따라 행정자치 부 장관의 중앙분쟁조정위원회 심의를 거쳐 결정하도록 돼 있습니다. 중앙분쟁조정위원회는 포승 매립지의 자나온 경과와 국가정책적 입장, 국토의 효율적 이용 등을 충분히 고려해 정치적 입장을 배제하고 객관적이고 합리적인 관할권을 결정할 것으로 믿고 있습니다. 이제 더 이상 소모적인 논쟁을 끝내고 결정이 절실한 시점입니다.

▼ 시장실에서

오늘도 설레는 마음으로 기업체 향한다

공재광 평택시장

기업하기 좋은 환경 위해 산·학·언·관 협력으로 기업에 필요한 단계별 맞춤 지원 프로그램도 이루어지고 있다

로미오와 줄리엣처럼 첫눈에 마음이 통해 열정적인 사랑에 빠지는 경우는 흔치 않다. 보통 사람들은 여러 번 만나 이야기를 나누고, 추억을 쌓으며 사랑하게 된다. 나 역시 대학교 학생회장으로 한창 바쁠 때 신입생 아내를 만났다. 아내와 나는 함께 학생회 활동을 하면서 자주 이야기를 나누며 서로의 마음을 알게 됐다. 그리고 지금 평생의 반려자로 친구로 동지로 살고 있다.

만나서 이야기를 나눈다는 것은 서로 이해하는 데 가장 빠르고 좋은 방법이다. 시장으로 일하다 보니 대화와 소통이 얼마나 중요한지 절실하게 느끼고 날로 살도 많다. 평택을 대한민국의 경제신도시로 건설하겠다고 약속한 나는 관내 기업 발전이 가장 시급한 과제 가운데 하나라고 생각한다. 그래서 제일 먼저 우리 시 기업들을 찾아 소통하기 위해 움직이기 시작했다. 기업체를 방문해 무슨 제품을 생산하며, 어떤 어려움이 있는지 함께 머리를 맞대고 이야기를 나눴다. 처음에는 시장과의 만남에 부담감을 느꼈던 기업의 대표와 관계자들이 나와 직접 만나 대화하면서 조금씩 마음을 열고 어려움을 토로하기 시작했다.

"우리 회사는 평택항과 제일 가까운 포승공단에 있는데도 불구하고 평택항에서 수출하기가 쉽지 않네요". -직원들

대부분이 광택에 살고 있는데, 공단까지 오는 교통편이 많지 않아 불편합니다". "평택에서 오랫동안 기업을 운영했는데, 매출이 늘어나 공장을 넓히고 싶은데 여러 문제 때문에 쉽지 않더라구요. 딴 지역으로 이주해야 하나 심각하게 고민하고 있습니다."

기업체를 방문해 그들의 목소리에 귀 기울이다 보니, 우리 기업의 상황이 녹록하지 않았다. 갈수록 어려워지는 내수 시장, 중국과 신흥경제대국의 등장에 여러 나라와 경쟁해야 하는 기업들의 어려움을 듣고 있노라면 시장으로서 마음이 급해졌다. 한시라도 빨리 어려운 점을 해결하고, 기업을 잘 운영할 수 있게 돕고 싶은 마음이 간절해졌다. 그래서 나는 그 해결이 내게 어려움을 허심탄회하게 말했던 것이 고마웠다. 그런데 기업인들은 시장에게 애로사항을 이야기하니 실제로 해결이 될 것 같냐며 기대했다. 대화로 소통하니, 해결점 찾기가 쉬웠다.

나는 지난해에 이어 올해 모두 31개 기업체를 방문해 기업의 애로사항을 청취한 뒤 담당 공무원들과 다각적이고 심층적인 검토를 통해 해결 방안을 찾아 차근차근 해결하고 있다. 접수된 애로사항 가운데 공장증설, 도로 확·포장, 배수로 정비, 완도 지원, 대중교통 확대, 기업지원사업 확대 등 총건의 애로사항 가운데 35건은

해결했다. 남은 애로사항도 해결 방안을 찾고 있다.

대한민국의 중심에 위치하고 있으며, 전국으로 통하는 사통팔달의 도로와 평택항 등 기업하기 좋은 요건들을 두루 갖춘 경제도시 평택, 앞으로도 차근차근 기업 애로사항을 해결하고 기업의 입장에서 꼭 필요한 지원을 계속할 예정이다. 우리 시는 기업이 탄탄하게 성장 발전할 수 있게 제품 기술 개발과 마케팅 분야에도 지원을 계속하고 있다.

사안에 따라 대학 교수와 전문가 등으로 구성된 전문 인력이 3~6개월 동안 기업에 상주하면서 기술 지원을 받는 '기업애로 지원사업' 산업재산권을 보호하고 국내외 특허권을 보호하는 '지역지식재산 창출지원 사업' 이와 더불어 경영난을 겪고 있는 중소기업과 영세한 중소를 조합체 등에게는 특례보증을 통한 자금도 지원하고 있다.

또 산·학·언·관 연계 협력으로 각 기업에 필요한 단계별 맞춤 지원 프로그램도 이루어지면서 'G 디자인 개발 지도 사업', '국내 전시회 참가 지원', '여성친화기업 환경시설 개선지원 사업' 등을 통해 기업이 좋은 환경을 조성해 나가고 있다. '기업하기 좋은 평택'을 구현하며, 오늘도 나는 설레는 마음으로 기업체로 향한다.

22.4 X 16.7

경기일보

2015년 09월 11일 (금)
22면 오피니언

진위천·평택호, 깨끗하게 보존해야

| 기고 |

공재광
평택시장

지난 여름, 강원도는 극심한 가뭄을 겪었다. 심각한 물부족 상황이 닥치자 속초시와 일부지역에서는 제한급수까지 실시할 수밖에 없었다. 이로 인해 일상생활의 불편을 겪는 시민, 새까맣게 타들어가는 농작물을 보면서 많은 사람들이 물의 소중함에 대해 심각하게 인식하는 계기가 됐다.

우리시는 현재 다행스럽게도 진위천과 안성천에서 시민들이 안심하고 마실 수 있는 상수원 2개소를 확보하고 있다. 이곳에서는 하루 3만 톤의 수돗물을 생산해 7만 5천명의 시민들에게 생활용수로 공급하고 있다. 이는 우리 시 전체 수도사용량의 약 18%를 차지하는 양이다.

경기도 최서남단에 위치한 우리 평택시는 상류 10개 도시에서 발생하는 오염원들이 99개 지천을 거쳐 진위천, 오산천, 황구지천, 안성천 등 4개 국가하천을 통해 평택호로 유입되어 서로로 나가고 있다. 그러나 상류지역의 오염이 높아져 우리 시 생명수인 평택호의 수질이 날이 갈수록 악화되고 있으며, 이를 바라보는 평택시민의 한숨과 우려도 깊어지고 있다. 평택시장인 나 역시 우리의 생명수인 평택호의 수질을 개선해 깨끗하게 만들어야 한다는 생각으로 해결책 마련에 부심하고 있다.

최근 용인시는 송탄상수원보호구역으로 인해 개발에 막대한 피해를 보고 있다고 목소리를 높이고 있다. 급기야 지난 8월31일에는 용인시 시민,

정치인, 용인시장까지 평택시청 앞 광장으로 와서 송탄상수원보호구역의 철폐를 주장하는 시위를 벌였다.

사실 2004년부터 시작된 송탄상수원에 대한 갈등 해결을 위해 경기도의 주재로 2007년부터 2009년까지 경기도·평택시·용인시가 공동으로 '진위천 일대 친환경 상생발전 연구용역'을 시행했다. 연구 보고서에 따르면 '송탄상수원보호구역은 그대로 존치한 상태에서 용인시 개발계획을 친환경적으로 추진하는 것이 가장 최적의 상생발전 방안'이라는 결론을 냈다.

올해 4월에는 남경필 경기도지사의 중재로 지역 간 갈등 해소를 위한 '상생협력 토론회'가 열렸다. 토론회에서도 지역 간 상생 협력을 위해 대응적 차원에서 경기도·평택시·안성시·용인시가 '진위천과 안성천 상류 수질개선 및 지역발전 협력방

안 연구용역'을 추진하기로 합의했다.

평택시는 이를 추진하기 위하여 일부 반대의견을 주장하는 환경단체와 시의회 등을 찾아가 공동연구의 필요성을 적극 설명하는 한편, 9월 추경예산과 관련 용역비를 확보하기 위해 노력하고 있다. 그러나 용인시의 자극적인 행동으로 어렵게 준비하고 있는 공동연구용역 추진에 차질이 발생하지 않을까 염려스럽다.

풍부하고 깨끗한 수자원을 보전하는 일은 현재 혼자만이 아니라 내일을 내다보는 미래지향적인 관점과 선택이 필요하다. 지구의 모든 환경자원은 후손들로부터 잠시 빌려 쓰고 있는 것이다. 생존과 행복한 삶을 유지하기 위한 필수요건인 환경자원을 깨끗하게 보존해 물려주어야 하는 것이 우리의 의무이자 책임이다.

지자체를 책임지고 있는 시장인 나 역시 용인시의 불만에 대해 안타깝게 생각하고 있다. 그러나 환경을 지키고 보존하기 위해서는 원칙을 지키는 일이 가장 중요하다. 상수원 보호구역은 반드시 지켜야 하기 때문에 포기하거나 타협할 수 없다.

용인시는 무조건적인 해결을 주장하지 말고 앞으로 사랑할 경기도, 평택시, 안성시, 용인시와의 광독용에서 수자원의 가치를 보존하면서 규제를 줄일 수 있는 방법을 함께 찾아보는 성숙한 자세가 필요하다.

22.1 X 15.9 cm

지역과 성장하는 동북아 물류항만 평택항

공재광
평택시장

평택항은 개항 28년의 짧은 항만역사에도 불구하고 지난 2012년 말 기준 총 화물처리량이 1억을 처리하는 종합부역항만으로 자리매김하고 있으며 이제는 대한민국을 넘어 동북아의 무역물류의 종합항만을 지향하고 있다.

우리나라 항만 중 총 화물처리량이 1억이 넘는 항만은 부산항, 광양항, 울산항, 인천항이 있으나 이들 항만은 중앙정부의 항만정책과 경제개발 5개년계획에 따른 시대적 지원정책 등 국가의 개발정책에 편성하거나 부합된 집중적인 개발에 힘입어 다소 손쉽게 성장하여 왔다고 평가할 수 있다.

반면 지난 1986년 말에 개항된 평택항은 일반화물을 처리할 수 있는 일반부두 4선석이 1997년 말에 처음으로 준공되었으나 본격적인 부두시설 확충은 2000년대 중반부터 민간업체 주도로

개발되었으며 이를 바탕으로 2010년을 기점으로 항만물동량이 급증하고 있는 중이다.

여기에 평택항이 가지고 있는 장점을 부각시켜 활성화 시킨다면 더 큰 성장을 이끌 수 있을 것이다.

평택항의 가장 큰 장점은 무엇보다 배후지역이라 해도 과언은 아닐 것이다.

평택항 배후지역은 서울, 경기 수도권뿐 아니라 충청남북도 중부권까지 포함하고 있다.

이 지역을 포함한 배후지역의 GDP 규모로 보면 대한민국 GDP의 60%가 평택항 배후지역에 산재해있으며, 배후지역에 거주하고 있는 인구도 전체 인구의 59%에 달하고 있다.

입지적 조건도 유리하고 충분하다.

평택항은 입지적으로 우리나라 수도권 더 나아가 대중국 교역에 있어 지정학적으로 환황해권 중심지에 위치한 장점을 바탕으로 2000년대 들어 세계경제 성장을 주도할 정도로 급성장한 중국의 고도성장의 수혜를 직·간접적으로 받을 수 있었기 때문에 우리나라 무역항을 가장 최단기간 내에 총 화물처리량 1억을 달성하는 성과를 거둘 수 있다.

한 민간개발업체의 과감한 항만개발 투자로 단기간에 항만시설 확보가 이루어졌고, 자동차부두, 컨테이너부두 등 상업부두 개발 건의는 물론 국제여객터미널 건립과 국제카페리 항로개설을 통한 평택항을 공업지원항에서 다목적 종합항만으로 기능 전환을 중앙정부에 제시하고 관철시키는 데 경기도와 평택시 등 지자체의 선도적 역할이 이 시기 적절했고, 중요하게 작용했다고 볼 수 있다.

한편, 평택시는 포승·평택·송탄산업단지 등 10개 산업단지에 2천여개의 생산공장을 바탕으로 지난 2010년 기준 평택시가 전체 GRDP는 18조3627억원으로 경기도 4위이고, 1인당 GDP는 4천379만원으로 경기도 1위, 전국 3위를 기록하였다.

세계 유수의 항만도시 발전사에서 알 수 있듯이 도시발전과 항만발전은 불가분의 관계로서 신규 산업단지 개발을 통한 평택시의 발전은 원활한 교통망과 저렴한 물류비로 무장한 평택항과 연계되어 지속적인 동반발전이 가능할 것으로 보여진다.

유치와 권역별 균형발전을 통해 인구 100만의 대도시로 성장하고 총 화물처리량 약 1억 6천만톤을 처리하는 항만으로 발전하는 것으로 계획되어있다.

그러나 평택항이 2020년 계획 물동량을 달성하고 자속적으로 발전하기 위해서는 평택항의 위상에 걸맞는 국제여객터미널 건립과 항만 경쟁력을 배가시킬 수 있는 항만배후단지의 지속개발 그리고 원활한 항만 물동량 수송을 위한 고속도로와 철도의 조기개발 등 선결해야 할 과제가 산재해 있다.

특히 지난 6년간 민간투자사업과 국가정상사업을 오가며 다람쥐 쳇바퀴 돌 듯 허송세월을 보낸 평택항 신 국제여객부두 건설사업이 국가 재정사업으로 다시 전환됐다.

조속한 추진만이 평택항을 한단계 업그레이드 시킬 수 있는 기회라 생각하고 경기도와 함께 중앙부처에 별품을 팔며 지원을 약속 받을 수있도록 노력하겠다.

그동안 평택항의 개발과 발전이 민간업체와 지자체 주도로 이루어졌다면 [...] 추진을 위해 연안 [...] 인프라 건설에 [...] 검토와 더불어 [...] 본다.

중부일보

▼ 시장실에서

"평택시정, 제일 잘할 수 있다는 믿음있어"

2014년 08월 29일 (금) 20면 오피니언

공재광
평택시장

시장에 당선되고, 작은 배낭 하나 짊어지고 뱅성음을 찾았다. 뱅성읍에 들어서자 작은 감자탕집에서 땀을 흘리며 음을 떼고 계신 어르신을 만났다. "어르신 참 너무 많이 흘리시면 안돼요." 하면서 시원한 음료수 한 병을 건넸다. 순간 "누구셔?" 뭐라고 대답해야 하나 잠시 머뭇거렸다. 하지만 어르신의 물음에 대답하지 않는 것도 예의가 아니기에 "저, 이번에 당선된 평택시장 공재광입니다." 하자 반색을 하시며, 등을 두드려주셨다. "잘하시. 얼굴 한번 봇보고 투표했녀구라~!" 하며 웃으셨다.

시장에 당선되고 제일 먼저 한 일은 배낭을 메고 평택 곳곳을 탐방하는 일이었다. 그리고 지금도 나는 평택의 이곳저곳을 혼자 돌아보는 일을 계속하고 있다. 남자 혼자 돌아보는 일은 다른 사람들을 불편하게 하는 것 같아 가끔 아내와 함께하기도 한다. 예전엔 친구들과 모여 천렵하면 계곡가가 중요하던 지금은 어르신들과 더하며 피해 쉬는는 경로당, 우가에 박혀든 안퇴는 배수로 학교변도로, 신업단지로 추진되는 곳과 평택시민들의 곳곳을 보고서와 사진으로 보았던 평택의 곳곳을 눈으로 확인하고, 시민들을 만나는 일이 민선기 초선 시장에겐 제일 좋은 공부가 되었다.

평택은 지역이 넓다. 그런데 이번 시장 선거 기간은 짧았다. 게다가 경기도와 서울에서 일하던 나를 아는 사람들도 많지 않았기에 시민들이 많이 모이는 공공장소에서 유세하는 일이 많았다. 마음은 평택 사람 곳곳

내가 지금껏 해왔던 원칙과 열정으로 평택을 위해 일할 수 있다는 사실이 놀랍고 즐겁고 신나고 행복하다.

을 돌아보고, 천천히 인사 드리고 제가 앞으로 어떤 일을 하겠다. 저는 어떤 사람이다라고 말하고 싶었지만 현실적으로 어려움이 많았다. 그래서 시장이 되고 나서 제일 처음 한 일은 평택의 시민들을 만나 인사를 드리는 일이었다. 그런데 아직 평택시장이 공재광이란 사실은 알아도 얼굴까지 알아보는 시민들은 의외로 많지 않았다. 그들에게 다가가 평소에 건의를 이야기하고, 힘든 일은 없는지 묻고, 성생한 이야기를 진솔하게 들을 수 있다. 이렇게 시민들과 격의없이 이야기를 나누게 참 행복하다.

사실 많은 사람들은 공무원 청년 10년 남기고 청와대 행정관이라는 좋은 자리를 을 박차고 나왔느냐고 묻곤 했다. 나는 그들에게 당당하게 이야기한다. 나는 아무런 욕심도 없다. 그저 내 고향 평택을 위해 그동안 쌓은 경험을 바탕으로 일하고 싶다는 열정밖에 없다고 말하며, 우리 평택은 사실 경기도에서 가장 우수한 지리적 산업적 환경을 갖고

있는 도시다. 세계 무역의 허브로 발돋움할 수 있는 평택항과, 철도, 도로, 산업단지, 평야 등 아무 볼 수조차 없는 훌륭한 여건 속에서도 발전은 속도를 내지 못하는 게 참 안타까웠다. 그래서 꼭 고향 평택을 위해 일하겠다는 열망으로 이곳 평택으로 내려왔고, 많은 사람들이 어렵다고 고개를 가로저런 시장에 도전해 당선됐다. 시장으로 당선되니, 평택시장으로 해야 할 일들이 얼마나 많은지 요즘 즐거운 비명을 지르며 살아대에 짜릿하다.

평택 정북면 9급 면서기에서 수원시, 경기도, 안전행정부, 국무총리실로 정부의 행정관까지 주요 부처를 두루 거치면서 일할 수 있었던 나의 가장 큰 원동력은 원칙과 신념에 맞추어 최선을 다해 열심히 했다는 것이다. 그리고 지금은 내가 지금껏 해왔던 원칙과 열정으로 평택을 위해 일할 수 있다는 사실이 놀랍고 즐겁고 신나고 행복하다.

가끔 저녁에 다른 일정이 없으면 천천히 걸어서 10분 거리의 집으로 향한다. 만나는 이웃들과의 인사는 어쩜 자연스럽다. 늦은 밤까지 일하는 직원들을 만나면 지녁 같이 먹자고 편하게 말을 건넬 수도 있게 된다. 시민과 눈높이를 맞추어 소통하며, 평택을 '대한민국 신성장 경제 신도시'로 만들고자 하는 나의 첫목표를 제대로 만들어내기 위해 오늘도 이곳저곳을 분주히 움직이고, 회의하고 사람들을 만나고 현장을 방문한다.

그러나 내가 좋아하는 일을 하고 있기에 제일 잘할 수 있다는 믿음이 있다.

22.5 X 16.6 cm

경기신문

특별기고

2017년 02월 13일 (월)
17면 오피니언

힘을 내라 청춘들아!

공재광
평택시장

방학을 맞아 두 아들이 집에서 여유로운 시간을 보낸다. 올해 대학 2학년이 된 둘째가 "선배들이 낙타가 바늘귀를 들어가는 게 취업보다 쉽대요. 선배들이 취업 걱정을 하면 우리도 마음이 무거워요."라면서 긴 한숨을 쉰다.

고등학교 때 민태원의 '청춘예찬'(青春禮讚)을 읽었던 기억이 난다. "청춘(靑春) 이는 듣기만 하여도 가슴이 설레는 말이다~ 청춘은 인생의 황금시대다. 우리는 이 황금시대의 가치를 충분히 발휘하기 위하여 이 황금시대를 영원히 붙잡아 두기 위하여 힘차게 노래하며 힘차게 약동하자." 다시 읽어봐도 그때의 감동이 전해져 심장이 뜨거워진다. 그러나 팍팍한 현실 속에서 고뇌하는 요즘

젊은이들에게 '청춘예찬'은 공허한 외침이 되지 않을까 싶다.

지난해 고등학교, 지역아동센터, 대학교 입시 박람회 등에서 많은 젊은이와 만난다. 그들은 제 꿈, 미래, 희망에 대해 물었고, 저 역시 그들의 꿈, 미래, 희망이 궁금했다. 세상 그 어느 것보다 값진 청춘이란 선물을 받은 이들이지만 현실의 벽 앞에서 고민하고 불안해하는 모습을 볼 때마다 안타까웠다. 먼저 젊은이를 위한 일자리 마련이 가장 시급하다.

평택시일자리센터에서는 젊은 구직자를 위한 교육, 상담, 알선 프로그램을 알차게 꾸려 돕고 있다. 이력서·자기소개서 쓰는 법부터 면접 노하우까지 알려준다. 혼자 고민하지 말고 전문가의 도움을 받아 차근차근 취업에도전해 성공하는 사례도 많다고 한다. 지난해부터는 대학생인턴 프로그램을 시작했다. 239명의 대학생이 인턴으로 시정에서 일했는데, 모집 정원의 5배가 넘는 지원자가 몰렸다.

올해도 1월, 2월 두달 동안 140명이 대학생 인턴으로 시청 각 부서에서 일하고 있다. 올 여름방학에도 실시할 계획이다. 20일 근무하면 140여만

급여도 받고, 시정전반에 대한 이해와 사회생활을 경험할 수 있다. 경력증명서도 발급되니 취업에 조금이나마 도움이 되었으면 하는 바람이다.

젊은이 가운데서는 창업에 관심 있는 이들도 많다. 창업, 결코 쉽지 않다. 혼자서 모든 것을 준비하고 결정해야 하니까 좋은 아이템이 있어도 시간도 자금도 노력도 많이 필요하다. 시에서는 창업을 준비하는 청년을 위해 전통시장 중심으로 청년상, 청년몰 운영 계획을 세워 지원하고 있다.

지난해 국제중앙시장에서는 5개의 청년상이 문을 열었다. 와플, 튀김, 공예품 등을 만들어 파는 작은 가게이다. 청년들이 땀을 흘리며 음식을 만들고 손님을 응대하는 모습을 보면 대견하고 뿌듯한 웃음이 절로 난다. 초보 상인으로 어색하고 서툴지만 가까운 미래엔 이들의 요리와 작품을 구입하기 위해 많은 사람들이 줄을 서서 기다릴지도 모른다는 기대감을 가져본다.

시장으로서 대한민국 신성장 경제신도시 평택

택시에서 대기업 입주, 산업단지 조성 등 경제 분야에 쏟고 있는 노력에 대해서도 자세히 설명한다. 앞으로 평택시 경제가 점점 더 발전해 양질의 일자리가 늘어나 젊은이들이 맘껏 꿈을 펼칠 수 있는 경제신도시로 자리매김할 것이라고 이야기한다.

젊은이는 미래를 동경하고, 기성세대는 과거를 동경한다고 한다. 대규모 산업단지가 가동을 시작해 좋은 일자리가 늘어나고, 젊은이들이 바쁘게 일터로 출근하는 평택시, 길게 늘어선 고객들을 응대하느라 쉴 새 없이 바쁘게 움직이는 젊은 상인과 많은 시민들이 찾아와 발 디딜 틈 없이 북적대는 전통시장, 어린 활기차고 매력적인 신성장경제신도시의 모습을 늘 동경하고 있다.

대한민국 신성장 경제신도시 평택 건설을 위해 많은 공직자와 함께 머리를 맞대고 시정현안, 사업현황을 챙기고 살핀다. 하루빨리 경제, 일자리, 복지, 안전한 도시로 우뚝서기 위해 각자의 자리에서 쉴 없이 일하고 있다.

청춘들이여 긴 한숨은 이제 그만, 내일을 향해 전진하고 꿈을 위해 도전하기 바란다.

21.7 X 14.8 cm

中部日報

▼ 시장실에서

지방 자치는 민본(民本)이다

2014년 12월 05일 (금)
20면 오피니언

공재광
평택시장

민본정신에 입각해
자치단체장들이
청렴과 겸손한 자세로
시민의 통합을 위해 일할
자질과 능력이 필요하다.

우리 고장 평택에는 민본(民本)의 사상을 찾아볼 수 있는 뜻깊은 역사 유적지 세 곳이 있다. 그 중 하나가 진위면 은산리에 있는 삼봉 정도전의 사당 문헌사이고, 고덕면 두릉리에는 민세 안재홍 선생이 사셨던 생가, 그리고 평택시 소사동에 있는 대동법시행기념비(大同法施行記念碑).

올해 6·4 지방 선거를 통해 평택시장에 당선된 후 여러 가지 시정을 구상하면서 화두로 삼은 것이 민본(民本)의 정신이다. 정치나 행정을 한다는 사람이면 늘 민본 사상을 습관처럼 외쳐 다소 식상하기 쉽은 있지만, 사실 실천하기 가장 어려우면서도 늘 염두에 가져야 할 필수 요소가 민본 정신이다. 다행히 내 고향 평택에는 늘 나를 긴장시키고 많은 가르침을 주는 마음의 스승 셋이 있다.

첫째로, 진위면 은산리 문헌사에 가면 삼봉 선생이 계시다. 한 때 사극 "정도전"의 인기가 높아짐에 따라 "정도전 신드롬"이라는 말까지 나올 정도였다. 그러면 강도전이 지난 매력과 힘, 그리고 그의 리더십은 무엇일까. 한 마디로 민본사상이다. 백성이 도탄에 빠졌을 때, 삼봉은 분연히 일어나 그 타개책으로 새 시대의 건설을 주력했고, 그것을 실천할 인물로 이성계를 선택했다.

그러나 문제는 그때와 지금 우리나라가 처한 상황이 여러모로 닮았다. 사회 통합

보다는 이념과 가치의 대립으로 내부 양극화가 더욱 심해지고, 북한의 정세 불안정과 한반도를 둘러싼 국제정세도 미래에 대한 불안감을 증폭시키고 있다. 삼봉 선생의 경륜과 지혜가 그 어느 때보다도 필요할 때다.

또 한 곳은 고덕 신도시를 따라 가다보면 두릉리에 민세 안재홍 선생이 계시다. 안재홍 선생은 일제 강점기 그 암흑의 시대에 낮을 듣는 민중을 섬기는 일에는 앞장서신 분이다. 특히 온갖 고통과 우리나라 고대사 연구를 통해 민족의 정신을 일깨우고, 날카로운 필봉으로 시대은 민본정신의 교육에 헌신적했던 것의 근간은 민본정신의 실천이라고 생각한다.

그리고 서동대로에서 삼남대로 분기점 한 편에 서 있는 대동법시행기념비(大同法施行記念碑)다. 민본 정신에 입각하여 민생의 행정을 실천한 좋은 사례로 지방 행정을 책임하는 목민관들에게 많은 것을 일깨워주고 있는 비석이다.

최근 우리 사회 일각에서는 지방자치 제도에 대한 우려와 개선의 목소리가 높다. 선거만 의식하는 지방자치단체의 각종 선심 정책, 난개발, 편협한 정치논리와 지역논리로 인해 보이지 않는 분열과 갈등으로 몸살을 앓고 있다. 그러나 안타깝게도 지금과 같은 갈등구조에서는 새로운

등력을 만들어 내기가 매우 어렵다는 것이다.

이러한 현실을 개선하기 위해서는 자치단체장들의 높은 청렴성과 겸손한 자세로 지역과 시민의 통합을 위해 일할 수 있는 자질과 능력이 필요하다. 그 바탕은 민본 정신에 입각하여 늘 시민을 생각하고 시민들이 어떤 어려움을 겪고 있는가를 철저히 살피는 것이다.

아울러 민본의 핵심은 백성들의 편안한 생활을 보장해 주는 것이다. 그러기 위해서는 지역특성에 부합하는 전략산업을 선정하고, 이를 육성하기 위한 지역경제 활성화 체제를 구축하는 것이다. 국민소득 3만 달러의 선진경제를 효율적으로 육성하기 위한 지방자치 단체의 역량 집중과 미래성장잠재력을 확충할 수 있는 시스템의 구축은 지방 경제를 한 단계 도약시키는 중요한 분기점이 될 것이다. 이번에 우리 시에서는 조직개편을 통해 신성장전략국을 신설하여 "대한민국 신성장 경제신도시 평택" 건설을 위한 시스템을 구축하였다.

그리고 목민관으로서 타성에 젖을 때마다 우리 고장의 세 스승을 찾아 마음가짐을 새롭게 할 것이다. 오늘도 시민의 입장에서 소통과 대화, 이해와 협력으로 따뜻한 지역공동체를 복원하여 가까이고 삼봉과 민세 선생, 저 묵묵하서 있는 대동비를 바라보고 있다.

22.4 X 16.7 cm

경기신문
특별기고

2016년 09월 01일 (목)
17면 오피니언

도시 경쟁력과 명품 휴식공간

공재광
평택시장

하루하루 바쁘고 메말라가는 현대인들에게 도심 속의 녹지 휴식공간은 정신적·육체적 피로를 덜어주고 생활에 활력을 불어넣어 준다.

전 세계인들이 살기 좋은 도시로 꼽고 있는 뉴욕, 밴쿠버, 런던 이들 도시들은 도심 속에 멋진 공원을 갖고 있어 시민들은 물론 외국 관광객들의 발길이 끊이지 않는다. 이것은 도심 속 녹지공간, 휴식공간이 도시를 평가하는 중요한 잣대가 되고 있다는 반증이 아닐까 생각한다.

그럼에도 불구하고 우리 평택시는 각종 산업단지의 택지개발 등으로 녹지비율이 점점 줄어들고 있는 실정으로 시민들의 삶의 질 향상, 욕구를 충족시켜 주기 위해 생활 주변의 녹지공간과 공원을 확대해 나가야 하는 현

실에 직면해 있다. 따라서 산이 없는 우리 시의 특성을 고려한 자연친화적인 명품 휴식 공간 마련에 우리 모두 고민할 때인 것 같다.

우리 시는 진위천, 안성천, 통북천, 평택호 등 천혜의 자연자원을 가지고 있고 평택호로 연결되는 안성천과 진위천 수변공간을 시민들이 즐겨 찾고 대한민국 최고의 명품 휴식공간으로 만들 수 있는 여건이 그 어느 지자체보다 더 충분하다고 생각한다.

현재 우리 시는 소사벌택지개발지구 등을 포함, 매년 공원·녹지 시설의 규모가 증가하고 있어 전년대비 15배 증가한 287개소 2300만㎡의 공원을 조성·관리하고 있다. 시 도시계획 기본계획 및 공원녹지기본계획에 따르면 오는 2020년에는 약 448개소 1천 826만㎡의 공원을 확보할 계획이다.

아울러 '소풍정원', '배다리생태공원', '평택농업생태공원', '부락산문화공원', '내리문화공원', '모산근린공원'이 조성되었거나 한창 조성이 진행중에 있어 주말 가족단위 나들이 코스, 여가 공간을 제공하는데 여념이 없다. 이밖에도 고덕국제신도시내 66만여㎡ 규모의 '함박산 중앙공원'

조성도 추진하고 있다.

특히 우리 시 대표 공원인 소풍정원은 고덕면 일원 3만5천여평의 부지에 시민들이 쉴 수 있는 쉼터와 산책길뿐만 아니라 함께 온 아이들을 위한 식물, 갈대, 철새들을 관찰할 수 있는 작은 식물원과 조류 관찰대 등 생태학습 공간도 있다.

연못 수변데크를 따라 걷다가 진위천변의 바람개비로 접어들면 야생화와 들풀이 자라는 둘레길이 마음을 사로잡는다. 그러나 이곳 소풍정원이 가장 특별한 이유는 바로 아름다운 노을을 볼 수 있기 때문이다. 지난 1984년 MBC 창작동요제에서 대상을 수상하고 지금까지 많은 사람들이 부르는 동요 '노을'이 바로 이곳에서 탄생했다. 작사가 이동진 선생은 이곳 진위천의 노을을 보면서 가사의 영감을 얻었다고 한다.

현재의 시가 천혜의 자연자원이 하천과 연계되는 자연친화적인 자연녹지 및 휴식공간을 조성하지 않는다면 향후에 자연재해는 물론 시민들의 휴식 공간 부족으로 인하여 자칫 도시의 경쟁력이 저하될 수도 있다. 또한 우리 시는 도시 대부분이 개발로

인하여 산림과 자연녹지가 급격히 줄어들고, 도시화가 가속화 되고 있는 실정이다. 시민들은 주변에서 쉽게 접할 수 있고 가볼 만한 자연녹지와 공원 등 휴식 공간에 목말라 있다.

이에 우리 시민들의 요구와 미래 후손들의 건강하고 즐거운 삶을 위해 기존에 조성되어 많은 시민들이 이용하고 있는 통북천, 배다리 휴식공간과 연계하여 안성천, 진위천 두갈래를 따라 평택호관광단지, 서해바다로 이어지는 하천과 숲이 조화되는 휴식공간, 자연과 사람이 어우러지는 명품 휴식 공간 조성에 박차를 가하고 있다.

앞으로 이러한 명품 휴식 공간 조성을 구체화하기 위해 우리 시 전체 하천변 공간을 분석하는 등 세부적인 로드맵을 수립하고, 공원조성 T/F팀 구성 등 사업을 수행해 나갈 수 있는 행정조직 신설을 심도 있게 검토하여 대한민국 최고의 명품 휴식공간을 조성하는데 최선을 다하겠다.

주말이면 언제 어디서든 가까운 공원에서 아이들과 함께 자전거를 타고 산책을 즐거워하는 시민들과 외국인들의 모습을 상상해 본다.

21.7 X 14.7 cm

2014

민선6기 제7대 평택시장 취임사

소통과 융합을 바탕으로,
평택을 대한민국 신성장 경제신도시로 만들겠습니다!

존경하는 45만 시민 여러분!
저는 오늘, 제가 태어난 곳이자 첫 공직생활을 시작했고 앞으로도 영원히 함께할 평택에서 엄중한 시장의 소임을 시작합니다.

오늘이 있을 수 있도록 폭 넓은 성원을 보내주신 시민 여러분에게 깊은 감사를 드리며, 평택의 미래를 위한 시민 여러분의 큰 뜻을 이루어가겠다는 다짐을 드립니다.

또한, 그동안 시 발전을 위해 노력해 오시다가 이임하신 김선기 전 시장님께도 수고하셨다는 말씀과 더불어 감사의 마음을 드립니다.

평택시장에 당선된 후,
감사의 마음과 새로운 시정에 대한 비전과 다짐을 시민 여러분을 모신 가운데 전해 드리고자 했습니다. 그러는 것이 도리라고도 생각했습니다.

그러나 소외계층을 비롯한 여러 곳을 찾아다니면서 어려운 상황에 처해 있는 시청과 지역사회, 세월호의 아픔이 남아 있는 이 시점에 정말 중요하고 필요한 것이 무엇인가를 고민한 끝에 취임식을 생략하고 봉사활동으로 평택시장의 소임을 시작하기로 하였습니다.

하지만, 시민 여러분에 대한 감사와 새로운 시정에 대한 다짐까지 생략하는 것은 예의가 아니라는 생각에 이렇게 글로 대신하고 있습니다. 이 점 널리 양해하여 주시길 바랍니다.

존경하는 시민 여러분!

시민 여러분께서도 잘 아시는 바와 같이 우리 평택은 동북아 물류의 교두보인 평택항 개발과 주한미군기지 이전사업, 수서~평택 간 고속철도 및 평택항 철도 건설 등대 규모 국책사업이 진행되고 있습니다.

또한, 고덕국제신도시, 삼성·LG를 비롯한 산업단지, 황해경제자유구역 개발, KTX 복합환승센터 건립 등 큰 변화와 발전의 동인을 갖추고 있습니다.

그러나 이렇게 큰 발전적 변화를 가능하게 하는 요인이 있음에도 불구하고 현재의 우리 평택은 아쉽게도 모든 분야에서 정체된 도시로 인식되어질 만큼 발전이 더딘 것이 우리의 냉엄한 현실입니다.

여기에 중국경제에 대한 불확실성, 미국의 양적완화 축소 등 우리를 둘러싼 대내외 여건 또한 결코 우호적이지 않아 지금까지와 같이 소극적으로 임한다면 우리 평택의 미래는 지금보다도 더 정체될 우려가 크다고 하겠습니다. 게다가 우리 지역사회를 돌아보면 아직도 많은 갈등과 불신이 산재해 있는 것을 피부로 느낄 수 있습니다.

그 종류와 형태도 다양해서 행정기관과 시민 사이, 지역과 지역, 시민과 시민 사이에 폭넓게 퍼져 있다고 해도 과언이 아닙니다.

참으로 안타까운 일입니다. 그러나 안타까워만 하기에는 작금의 상황은 매우 엄중합니다.

이에 저는, 오늘 평택시장의 막중한 소임을 시작하면서 우리의 새로운 미래를 위해 시민 여러분과 함께 노력해 나갈 시정의 방향과 이를 반드시 실행해 나가겠다는 다짐의 말씀을 드리고자 합니다.

먼저, 진정한 소통을 위해 끊임없이 노력하겠다는 말씀을 드립니다.

저는 평택시장 선거에 출마한 후, 많은 시민을 만나면서 우리에겐 많은 부분에서 소통이 부족하다는 생각을 하였습니다.

시정에 대한 불만, 각종 프로젝트에 대한 시민 의견의 방치 내지는 소홀한 대응, 시스템이 아닌 사람에 따른 결정과 추진, 이외에도 우리가 무심코 넘기거나 가볍게 여기는 습관화된 많은 것들이 결국은 우리를 소통부재의 상태로 만들었다는 것을 피부로 느끼게 되었습니다.

이에 저는 우리 평택시의 건강한 발전을 위해 가장 기본적으로 필요한 것이 진정한 소통이라고 확신하고 있으며, 이를 위해 끊임없이 노력하겠다는 다짐의 말씀을 드립니다.

우리 시의 주요 현안에 대해 시민 여러분, 국회의원과 도·시의원, 언론 등 시정과 관계된 모든 분들과 열린 마음으로 소통하도록 하겠습니다.

이견이 갈등으로 악화되지 않고 발전적 대안으로 새롭게 창조될 수 있도록 지속적으로 노력하겠습니다.
시민 여러분께서도 저의 노력이 좋은 결실로 이어질 수 있도록 시정에 적극 참여해 주시기 바랍니다.

아울러, 지방선거에 이어 곧 재선거가 있을 예정인데, 선거과정에 있었거나 있을 수 있는 지역사회 갈등요인이 선거 이후에도 계속되지 않도록 함께 노력해 나가자는 말씀을 드립니다.

둘째, 시정에 대해서 냉정하게 진단하고, 이를 바탕으로 예측 가능하고 속도감 있게 시정을 전개하겠습니다.

앞서 말씀드렸듯이 우리 시에는 많은 대형 프로젝트가 진행되고 있거나 검토되고 있습니다. 그러나 그간의 진행상황에 대해 시민사회를 비롯한 각계각층에서는 이도 저도 아닌 상태에 있는 것이 아니냐는 부정적인 반응을 제기하고 있습니다. 물론, 국가적으로 어려운 경제상황이 계속되고 있는 등 주변의 환경적 요인도 크다는 것은 이해하고 있습니다만, 저 역시도 일정 부분 공감하고 있습니다.

이러한 관계로 저는 취임 즉시 우리 시의 주요 현안사업에 대해 냉정하게 진단하고 새로운 추진방안을 도출할 예정입니다.

공직 내부적으로는 계층 없는 대화를 심도 있게 진행하고 필요한 경우 시민, 국회의원, 시도의원, 전문가들과도 허심탄회하게 의견을 나누고 조율해 나갈 예정입니다.

이는 지난 시정을 부정하자는 게 아닙니다. 우리 평택의 새로운 도약을 위해 정말 필요한 디딤돌이 무엇인지 다 함께 고민하고 강구하자는 노력의 제안이라고 자신 있게 말씀드립니다.

이러한 과정을 통해 우리 시정을 항상 예측 가능하고 속도감 있게 추진될 수 있도록 하겠습니다.

셋째, 시정을 전략적으로 추진하겠다는 말씀을 드립니다.

우리 시는 중앙정부나 경기도, 타 기관과의 협력이 필수적인 대형 프로젝트가 그 어느 지자체보다도 많다고 할 수 있습니다. 타 기관과의 협의와 협력이 필요하다는 것은 그만큼 우리 시만의 힘으로는 한계가 있다는 말씀이기도 합니다.

그렇다면 그 부족한 힘은 무엇으로 대체해야 할까요?

저는 정성이 들어간 전략이라고 생각합니다. 각 프로젝트에 대한 법령과 제도에 따른 철저한 분석과 논리 개발은 물론이고, 이를 전달하고 이해시키는 정성스런 노력이 지속되어질 때 부족했던 힘은 새로운 동력으로 승화될 수 있을 것입니다.

저는 이미 시작하였습니다. 오랜 기간 우리 시의 현안이자 갈등요인이었던 브레인시티 조성사업, 평택호 관광단지개발, 평택항 개발을 위해 선거과정에 경기도지사와 정책협약을 체결하였으며, 조만간 구체적인 추진방안을 협의해 나갈 예정입니다.

앞으로의 진행과정에 많은 검토요인이 있을 것으로 생각하고 있습니다만, 사심 없이 정성을 다하겠다는 말씀을 드립니다.

또한, 행정적인 지원이라는 소극적인 자세를 전향적으로 바꿔 성균관대학교 유치위원회와 같이 필요한 부분에 대해서는 적극적으로 참여하고 독려해 나가겠습니다.

넷째, 제가 약속한 공약에 대해 세밀하게 준비해서 알차게 추진하겠습니다.

저는 평택시장에 출마하면서 전문가는 물론 많은 분들의 의견을 수렴해서 6개 분야 90여 개의 공약을 준비해서 시민 여러분께 약속드렸습니다.

1. 신성장 동력의 육성을 통한 일자리 창출과 농·축·수산업 등 다양한 지역경제 활성화 방안

2. 사회적 약자와 더불어 살고 다양한 복지 혜택이 고르게 전달되는 지역사회 구현

3. 다양한 문화·예술·관광 기반조성을 통한 시민의 삶의 질 향상 방안

4. 대학교 유치, 특목고 설립을 통한 교육국제화특구 지정 등 교육환경 개선 및 기반조성 방안

5. 구도심을 비롯한 미군기지 이전 지역 활성화 계획 수립 등 지역 균형발전 방안

6. 시민의 안전과 행복을 위한 책임행정, 소통행정 구현 등 다양한 사항이 포함되어 있습니다.

하나하나 세밀하게 준비하고 검토해서 알차게 추진해 나가겠습니다. 또한, 다른 후보자들의 공약은 물론 도·시의원님의 공약에 대해서도 열린 마음으로 검토해서 우리 시 발전을 위해 필요한 부분이 있는 경우 함께 추진해 나가도록 하겠습니다.

물론 이 중에는 실행과정에 전문가의 검토나 전문기관의 컨설팅, 시민 여러분과의 상의 및 의견수렴 등 추진에 시간이 필요한 부분이 있을 수 있을 것입니다. 제 약속을 위한 과시적인 추진이 아니라 시민 여러분을 위한 실제적인 추진이 될 수 있도록 사심 없이 준비하고 진행해 나가겠습니다.

존경하는 시민 여러분! 그리고, 사랑하는 공직자 여러분!
저는 선거기간 동안에 공직 분위기는 물론 인사에 관한 여러 이야기를 들었습니다. 물론 제가 들은 모든 사항에 대하여 공감하는 것은 아니지만, 많은 부분에서 개선의 필요성이 있다는 생각을 하게 되었습니다.

공직자 개개인의 소소한 일상 하나하나를 볼 때 작게 보일 수도 있겠습니다만, 시스템 속에서의 공직자는 우리시 발전의 성패를 가르는 중요한 요소이기 때문에 공직 분위기 개선은 아주 중요한 시정방향의 하나라고 할 수 있습니다.

이러한 관계로 저는 오늘, 평택시 공직자와 공식적인 첫 인사를 나누는 월례조회 자리에서 우리 시의 새로운 도약을 위해 저와 함께 새롭게 마음을 다지자고 당부하고 약속도 하였습니다. 그리고 시민 여러분께도 같은 약속을 드리겠습니다.

가. 먼저 우리 시 공직자에게 권한과 책임을 확실하게 부여하겠습니다.

아무리 탁월한 능력을 갖고 있는 사람도 혼자서 시정을 모두 책임질 수는 없습니다. 시장은 시장의 위치에서 부시장이나 국·소장을 비롯한 각 공직자는 각자의 위치에서 자기에게 부여된 책임과 권한을 합리적으로 이행할 때에만 시정은 올바르게 나아갈 수 있을 것입니다.

또한 이렇게 해야만 시장만 바라보는 소신 없는 행정, 자기 목소리를 내지 못하고 뒤에서 고민하는 공직자, '노'를 못하는 소극적 행정이 개선될 수 있을 것입니다.

모든 공직자가 시스템에 의해 합리적인 협력관계가 이루어지고, 이를 바탕으로 바람직한 시정 결과물이 도출될 수 있도록 노력하겠습니다.

나. 또한 공정하고 원칙 있는 인사를 해 나가겠습니다.

인사는 만사라고 했습니다. 인사 불만이 시민사회로까지 전파되는 일이 절대 없도록 원칙과 기준, 과정이 준수되고, 부서장의 판단과 추천을 존중하는 합리적인 인사과정이 정착되도록 개선해 나가겠습니다.

아울러, 공직 내·외부의 특정인에게 줄을 서는 등 업무는 소홀히 하면서 정치적으로 행동하는 공직자는 엄단하겠습니다.

다. 그리고 소신껏 업무를 추진하는 공직자는 철저하게 보호하겠습니다.

바른 생각을 갖고 열심히 소신 있게 일하는 공직자가 불이익을 받는 일이 절대 없도록 하겠습니다.

더불어 우리 시의 발전을 위한 모든 일에는 "갑"이 아닌 "을"의 입장에서 직원들과 함께 생각하고 움직이는 적극적인 경영마인드로 시정을 펼치겠습니다. 이 또한 시장의 당연한 도리라고 생각하며 반드시 실천해 나가겠습니다. 권한과 책임의 확실한 부여, 공정하고 원칙 있는 인사, 공직자에 대한 진정한 보호는 평택시가 일하는 조직, 일이 성사되게 하는 조직이 될 수 있는 가장 기본적인 조건이라고 생각하며, 철저하게 지켜나갈 것을 다시 한번 약속드립니다.

공재광의 진심, 기록으로 남기다

존경하는 시민 여러분!

저는 오늘 제7대 평택시장의 소임을 시작하면서 시민 여러분께 여러 가지를 말씀드렸습니다. 하나하나가 우리 평택의 새로운 미래를 위해 중요하다고 생각하며 착실하게 실천해 나가도록 하겠습니다.

그러나 이 모든 것은 시민 여러분과 함께할 때에만 좋은 결과로 이어질 수 있을 것입니다. 소통과 화합 속에 우리 평택이 대한민국의 신성장 경제신도시로 거듭날 수 있도록 앞으로도 많은 성원과 지원을 보내주시길 당부드립니다.

저 또한 항상 초심을 잃지 않고 약속을 지키며 시민 여러분과 손잡고 발로뛰는 시장이 되겠습니다. 그리고 저를 비롯한 1,700여 공직자는 한마음한 뜻으로 오직 평택시의 발전만 생각하겠습니다.

지금까지 보내주신 애정으로 지켜봐 주시고 채찍질해 주십시오.

항상 시민 여러분과 함께하겠습니다. 감사합니다.

2014년 7월 1일

평택시장 공재광

2015 신년사

존경하는 45만 시민 여러분!
그리고 1,700여 공직자 여러분!
희망찬 을미년(乙未年) 새해 아침이 밝았습니다.
새해에는 소망하시는 모든 일이 이루어지고 가정과 직장에도 사랑과 행복
이 가득하시기를 진심으로 기원 드립니다.

아울러 지난 한 해 시 발전을 위해 적극적인 협조와 아낌없는 성원을 보내
주신 시민 여러분과 맡은 바 소임을 다해주신 공직자 여러분께 깊은 감사
를 드립니다.

존경하는 시민 여러분! 그리고 공직자 여러분!
민선 6기가 출범한 지난해는 비록 짧은 기간이었지만, 우리 시가 새롭게
도약할 수 있는 토대를 마련하기 위해 열정적으로 보낸 시간이었고, 그 결
과 대내외적으로 어려운 여건임에도 불구하고 의미 있는 성과를 거둔 해
이기도 하였습니다.
우선 행정수행 측면을 보면, 보건복지부의 기초생활보장 우수 지자체 선
정 등 상급기관 평가 18개 분야에서 큰 상을 수상하였으며, 공공기관 종합
청렴도에서는 2년 연속으로 우수기관에 선정되는 등 실력과 청렴성을 인

정받는 성과를 얻었습니다.

또한, 대외적으로도 "2015 세계태권도 한마당 대회"와 "제56회 한국민속 예술축제"의 유치, 그리고 평택농악이 유네스코의 "인류 무형문화 유산"에 등재가 되는 등 우리 시의 위상이 더 한층 높아진 해였다는 말씀을 드립니 다.

특히, 무엇보다 고무적인 것은 당초 계획보다 1년 이상 앞당겨 금년도 상 반기에 공장을 착공키로 한 삼성전자의 고덕 삼성 산업단지 조기투자 결 정과, '평택호 관광단지 개발사업'이 기획재정부의 적격성 심사를 통과하 여 우리 시의 개발 및 투자여건이 획기적으로 좋아졌다는 것입니다.

존경하는 시민 여러분! 그리고 공직자 여러분!

그러나 아무리 좋은 호기가 앞에 있어도 우리가 어떻게 접근하느냐에 따 라 그 결과는 엄청난 차이가 있고, 그 차이를 결정짓는 시기가 향후 1~2 년이라고 생각합니다.

따라서 새해에는 긍정적으로 변하고 있는 여건이 역동적인 발전을 이끌어 갈 수 있도록 우리 시의 현실을 정확하게 진단하고, 이를 토대로 실행 전 략을 수립하고 추진하는 데 시정의 모든 역량을 집중코자 합니다.

시민과 공직자 여러분의 적극적인 성원과 참여를 부탁드리며 올 한 해 중점 시정운영 방향에 대해 말씀드리겠습니다.

먼저, 시 발전을 선도할 신성장 동력을 이끌어내고, 그 효과가 지역경제에 선순환되도록 하겠습니다.

앞서 말씀드린 삼성전자의 15조 6천억 원의 조기 투자 결정과, '평택호 관광단지 개발사업'의 적격성 심사 통과로 지역의 투자여건이 상당히 활기 있게 변화하고 있습니다.

이 두 사업은 그 자체로도 크고 중요함은 물론, 진위 LG, 브레인시티를 비롯한 여러 산업단지, 고덕 국제화지구 개발사업, 각종 도시개발사업 등 지역경제에 파급효과가 큰 대규모 사업들을 촉진시킬 수 있는 핵심 동력이 되리라 믿고 있습니다.

이와 같은 대규모 전략사업은 우리시 성장을 선도할 중요한 동력으로 시정의 최우선 과제로 집중하여 추진할 예정입니다. 또한, 이를 전략적이면서도 선제적으로 추진하기 위해서 '신성장전략국'을 신설하였으며, 이를 통해 진행 중인 각종 사업들이 속도감 있게 추진될 수 있도록 함은 물론, 새로운 전략사업의 발굴과 추진, 더 나아가 지역경제가 선순환 되고 효과가 배가될 수 있도록 더욱 노력하겠습니다.

아울러, 공장 인·허가 원스톱 행정서비스 제공, 기업애로 해소, 긴급자금 지원 및 소상공인 창업지원 등을 강화하여 대기업과 강소·중소기업이 동반 성장할 수 있는 여건을 조성해 나가고, 이를 통해 지역경제 활성화와 함께 좋은 일자리도 창출될 수 있도록 노력해 나가겠습니다.

둘째, 평택항의 경쟁력 강화와 배후단지, 교통 등 물류기반 확충에 힘쓰겠습니다.

먼저, 규모와 기능이 부족해 경쟁력이 저하되고 있는 평택항의 '국제여객터미널'은 그동안 시와 국회의원이 지속적으로 노력한 결과 정부 예산으로 건립하도록 협의되는 성과가 있었다는 말씀을 드립니다.

여기에 더하여 국제적인 추세인 '크루즈 및 카페리 접안이 가능한 부두'로의 변경 등 우리 시의 요구사항이 정부의 '제3차 항만기본계획 수정계획'에 반영되도록 하여 평택항이 경쟁력을 갖춘 항이 되도록 최선의 노력을 다하겠다는 말씀을 드립니다.

또한, 항만과 더불어 물류의 중요한 요소인 도로망 확충에도 노력하겠습니다. 서해안 고속도로 확장, 38국도 확장 등 국가 기간망은 물론 신도시와 구도심을 연결하는 광역도로망도 빠른 개설을 위해 정부와 관련기관

간 협의를 계속해 나가겠습니다.

지방도 중 개설이 시급한 이화~삼계간 도로는 국비투입이 결정되어 속도가 빨라질 예정이라는 말씀을 드리며, 도시개발업과 학생들의 등교시간 변경 등에 따른 시내버스 체계 개편 등 대중교통 편의도 개선해 나가겠습니다.

셋째, 평택호 관광단지 개발을 가시화하고, 문화, 체육, 공원 등 시민의 여가와 휴식을 위한 공간을 확충하겠습니다.

기획재정부의 적격성 심사가 통과된 평택호 관광단지는 향후 절차를 알차고 속도감 있게 진행하여 시민의 여망이 담긴 매력적인 명소가 되도록 진행하고, 최근 쇼핑관광단지로 개발 계획을 승인받은 현덕지구의 가칭 '차이나 캐슬'조성사업과도 연계될 수 있도록 관련기관과 협력해 나가겠습니다.

또한, 평택~아산 창조관광 활성화사업, 평안 해오름길 조성사업, 원효대사 오도성지 토굴체험관 조성 등도 본격 추진하는 등 문화관광 인프라도 지속적으로 확충해 나가겠습니다. 아울러, 문화원의 기능강화를 통해 지역 문화자원의 보전과 발전이 이루어질 수 있도록 하고, 다양한 장르의 공연 등을 통해 지역문화예술의 자생력도 강화시켜 나가는 한편, 자리를 잡아가고 있는 평택호 물빛축제와 원평동 갈대축제의 보완 발전과 시 대표 축제의 개발도 시민과 함께 논의하며 추진해 나가겠습니다.

안중 및 이충레포츠공원과 부락산 테마공원은 금년 중 마무리하고 고덕 소풍정원을 정비하는 등 시민들의 휴식공간을 지속적으로 확충해 나가고, 공원과를 신설하여 깨끗하고 체계적으로 관리해 나가겠다는 말씀을 드립니다.

넷째, 미군기지 이전에 철저히 대비하겠습니다.

오랜 기간 진행해 온 미군기지 조성 사업이 금년이면 마무리되고, 2016년 부터는 본격적인 미군 이전이 진행될 예정입니다. 본격적인 미군 이전은 단순히 예정됐던 사업의 진행이 아니라 새로운 변화이자 과제라고 할 수 있습니다.

그러나 미군 이전에 대한 우리의 준비 상황을 돌아보면, 많은 부분에서 부족한 상태라고 생각합니다. 충분하게 준비가 안 된 상태에서 미군과 가족, 군속 등 6만여 명이 이전하게 되면 기회는 고사하고 큰 부담이 될 것입니다. 우리가 어떻게 대비하느냐에 따라 그 결과는 엄청나게 차이가 날 것입니다. 다소 늦은 감은 있지만 올해부터 속도감 있게 준비해 나가겠습니다.

우선, 그들의 정주환경에 있어서 가장 중요하게 생각하는 먹고, 보고, 쇼핑하고, 체험할 수 있는 인프라 조성이 시급하며, 이런 일들을 실질적으로 추진할 수 있도록 TF팀을 구성해서 다양한 사업을 발굴 중에 있습니다.

새롭게 발굴한 사업들은 기존의 예술인광장 조성, 안정리 문화교류기반 구축사업, 한미 친선 축제는 물론 새롭게 설립한 국제교류재단 프로그램 등과 연계하여 시너지 효과를 내도록 추진하겠습니다.

미군기지 이전에 따른 대비는 시간적으로도 시급하지만 소홀히 한다면 그 열매는 주변의 다른 시에서 얻어갈 수 있기 때문에 시정의 가장 우선순위로 생각하고 치밀하게 준비해 나가겠습니다.

다섯째, 「아름다운 미래 명품도시」, 「안전한 도시」로 가꾸어 가겠습니다.

우리 시는 개발호재가 많아 큰 역동성을 갖고 있지만, 한편으로는 난개발과 환경문제가 우려되는데 이에 대한 대비도 철저하게 추진해 나가겠습니다. 난개발 방지를 위해 전체적인 시 개발계획과의 연계 검토, 예상되는 민원에 대한 대책, 주변의 도시 기능 및 환경과 조화되도록 관련 심의위원회를 엄격히 운영해 나가고, 악취·소음 등 시민의 건강에 위해요소가 있는 업체에 대해서는 실질적인 환경영향평가를 통해 입주제한 및 시설개선 명령 등 가능한 최대한의 조치를 해나가겠습니다.

2013년부터 진행해 온 국도38호선 클린경관 조성사업을 국도1호선까지 확대하고,「평택시 공공시설물 표준디자인」을 엄격히 적용하는 한편 우리 시의 교통거점인 평택역과 서정리역의 경관도 새롭게 형성해 나가는 등 중장기적으로 「아름다운 명품도시」를 위한 노력을 지속해 나가겠습니다.

지난해 화두였던 안전문제에 대해서도 분야별 재난안전 관리계획의 수립 과 새로 건립하여 이전한 CCTV통합센터의 운영, 그리고 임기내에 'WHO 국제안전도시'공인 추진 등 최선을 다하겠다는 말씀을 드립니다.

여섯째, 시민과 함께하는 참여 복지의 기반을 구축하겠습니다.

시민여러분! 복지는 배려와 나눔입니다. 제도적인 복지만으로는 여러 한 계가 있기 때문에 시민이 참여하고 함께하는 나눔과 기부문화 활성화를 역점시책으로 추진하겠습니다.

공무원부터 시작해서 기관 및 기업체, 개인에 이르게까지 동참할 수 있도록 확산시켜 우리 시의 취약계층이 건강한 보통 시민으로 살아갈 수 있도록 배려해 나가겠습니다.

또한, 저소득층에 대한 기본적인 지원을 강화하고, 제도권에서 보호받지 못하는 소외계층 발굴과 위기가정 생활안정 지원은 물론 공공일자리 사업의 효율적 운영, 사회적 기업 및 사회적 일자리의 육성 등 취약계층의 자립기반도 높여나가겠습니다.

위드커피 4호점과 같은 어르신 일자리 사업의 발굴과 확대, 여성의 사회참여 및 취업지원 강화, 결혼이민자 모국방문 지원 등 다문화가족을 포함한 어르신, 장애인, 취약청소년 등 사회적 약자를 보살피는 일에도 소홀함이 없도록 하겠습니다.

청북신도시 문화복지센터 건립, 남부복지타운과 세교동 문화복지센터 착공, 서부복지타운 보상 추진 등 복지인프라 확충에도 지속적으로 노력하겠습니다.

일곱째, 쌀 관세화 및 FTA에 대응할 수 있도록 농업 경쟁력 제고에 힘쓰겠습니다.

농업은 우리 시의 기본산업이지만 쌀 수입 관세화와 중국과의 FTA협정 등 영농환경은 더 어려워지고 있습니다. 이에 대한 대비가 절대적으로 필요하다고 생각하며, 시정의 많은 부분을 집중할 계획입니다. 이를 위해 우선적으로 재정 수요의 증가로 많은 어려움이 있지만 농업분야 자체사업 예산을 지난해에 비해 약 15%가량 증액하였습니다.

또한, 우리 농업의 경쟁력 확보를 위해 과학과 친환경 농업의 기반 위에서 기본적인 지원을 확대해 나가겠습니다. 특히 FTA, 기후변화 등에 대비한 전문농촌 지도인력을 양성하고, 새로운 소득 대체작물 개발, 농업의 관광자원화를 위한 체험 농장 육성에도 힘써 나가겠습니다.

또한, 우리 시 명품브랜드인 슈퍼오닝의 홍보와 마케팅을 더욱 강화하여 새로운 판로를 개척하고, 축산농가의 경쟁력 강화에도 노력하는 등 우리의 농축산업이 FTA에 슬기롭게 대응하는 가운데 소득을 높여나갈 수 있도록 농업인들과 함께 고민해 나가겠습니다.

여덟째, 우리 시를 교육명품도시로 이끌어 가겠습니다.

인문계 고교의 학력향상 프로그램 및 장학금 확대지원 등 공교육이 강화될 수 있도록 지원하고, 교육경비와 지역개발사업비를 활용한 초·중·고교의 교육환경 개선과 함께 친환경 무상급식도 지속적으로 추진하겠습니다.

아울러, 국제교류캠프·영어교육센터를 활용하여 청소년의 글로벌 역량을 강화하고, IT중독 예방프로그램, 청소년 동아리 확대지원을 통해 건강한 시민으로 성장해 가도록 힘쓰겠습니다.

중·장기적으로는 교육국제화특구 지정과 종합대학교 유치를 위해 노력하고, 우리시 학생들을 위한 "평택학사"를 설립하여 우리의 자녀들이 "첨단산업도시"를 이끌어갈 역군이 되도록 키워나가겠습니다.

또한, 소사벌도서관 등 거점도서관과 세교 및 청북에 작은 도서관을 확충하고 평생학습 프로그램의 다양화, 배달강좌제 및 시민자치대학 운영에 내실을 기하는 등 평생학습도시로서의 위상도 강화해 나가겠습니다.

이와 더불어, 도시가스 보급, 전통시장 활성화와 같은 서민과 밀착된 현안부터 대학병원 유치 등 우리 시의 미래를 대비하는 일까지 하나하나 챙겨나가겠습니다.

아울러 시민은 물론 사회단체, 국·도·시의원과의 소통을 위해서도 초심을 잃지 않고 끊임없이 노력하겠다는 말씀을 드립니다.

존경하는 45만 시민 여러분! 그리고 공직자 여러분!

우리 시가 다시 한번 도약할 수 있는 기회가 왔습니다. 이제 기지개를 켜기 시작한 평택이 올해는 더욱 역동적인 모습을 보이게 될 것입니다.

또한 앞으로 다가올 4년은 '대한민국 신성장 경제신도시 평택'을 이루기 위한 우리들의 희망과 노력이 하나하나 구체화되고 눈앞에 현실화되는 가슴 벅찬 기간이 될 것입니다.

사랑하는 1,700여 공직자 여러분!

준비하는 자에게 기회가 온다고 합니다. 국·도비관련 공모사업과 국가예산 확보는 1월부터 차근차근 준비하고 대비를 해야겠습니다.

또한 열정, 고민, 노력 없이 성취되는 것은 아무것도 없습니다. 지난해 발로 뛰고 몸으로 부딪쳐 많은 성과를 내었듯이 우리시가 역동적인 도시로 새롭게 변모되도록 보다 적극적인 행정을 펼쳐주시기 바랍니다.

존경하는 시민 여러분!

위대한 목표를 달성하기 위해서는 모든 시민이 힘을 합하고 마음을 더하여 공동목표를 향해 나아가야만 합니다.
우리 시가 "대한민국 신성장 경제 신도시"로 거듭날 수 있도록 시민 여러분의 뜻과 힘을 모아주시기를 당부 드립니다.

끝으로 "우리, 함께 갑시다 – We Go Together!"라는 말씀과 더불어 희망찬 새해를 맞아 시민 여러분과 공직자 여러분의 가정에 건강과 행복이 가득하시길 기원드립니다.

2015. 1. 2 새해아침

평택시장 공재광

2016 신년사

존경하는 46만 평택시민 여러분!
그리고 1,800여 공직자 여러분!

희망찬 2016년 새해가 밝았습니다.
올해는 시민여러분의 가정마다 건강과 사랑이 넘쳐나고 지역경제도 좋아져서 평택의 행복지수가 훌쩍 높아지는 한 해가 되기를 간절히 소망합니다.

또한 지난 한 해 우리 시가 신성장 경제신도시로 도약할 수 있도록 응원하면서 함께해 주신 시민여러분과, 항상 변화와 발전의 중심에서 소임을 다해 주신 공직자 여러분께도 깊은 감사를 드립니다.

존경하는 시민 여러분! 그리고 공직자 여러분!

민선 6기 출범 이후 우리시는 세계적으로 지속된 경제불황과 수많은 시련 속에서도 신성장 경제신도시로 도약하기 위해 혼신을 다해 왔습니다.

그 결과 우리 시는 변화와 발전의 중심에서 외부의 관심과 부러움 속에 시정의 각 분야에서 많은 일들을 해낼 수 있었습니다.

무엇보다 오랫동안 시민들의 숙원사업이자 갈등 요인이었던 평택항경계 확장, 평택호관광단지 개발사업의 순조로운 진행, 삼성전자 산업단지 조기착공은 우리 시 발전에 큰 획을 그은 중요한 성과였습니다.

또한, 지난해 초유의 메르스 사태에 직면해서 정부와 의료계, 시민과 함께 총력을 다해 메르스와 싸웠고 시민 여러분이 합심하여 주신 덕택으로 메르스 극복은 물론 심각했던 지역경제 위기 역시 이겨낼 수 있었습니다.

그 결과 대외적으로도 중앙부처는 물론 언론, 사회단체로부터 시정의 각 분야에서 성과를 인정받아 2015년 정부 3.0민원서비스 우수기관으로 선정되는 등 많은 상을 수상하였습니다.

이와 같이 우리 시는 대내외적으로 어려움이 지속되었습니다만, 시민들의 자긍심은 물론 우리 시 위상을 한층 높인 한 해였다고 자부할 수 있습니다.

존경하는 시민 여러분! 그리고 공직자 여러분!

올해는 시민 여러분께서 열어 주신 민선 6기 3년을 맞이하여 그동안 우리가 심혈을 기울여 추진해 온 노력들이 하나둘 가시화되고 결실을 맺는 중요한 시기입니다.

그러나 새해에도 국내외 경제는 여전히 어려움이 예상되고 있다는 전망입니다. 따라서 위기를 기회로 삼는 지혜와 노력이 그 어느 해보다 필요하다고 생각합니다.

저는 1,800여 공직자는 물론, 시민 여러분과 함께 평택을 역동적이고 매력적인 도시로 만들기 위한 노력과 도전을 계속해 나가겠다는 다짐을 드리면서, 새해 중점 시정운영 방향에 대해 말씀드리겠습니다.

첫째, 미래 평택을 위한 Leading Project(핵심선도사업)를 추진하겠습니다.

우리 시는 첨단기업의 유치, 대규모 산업단지 개발 및 신도시 조성 등 많은 발전적인 요소를 가지고 있으며, 일부는 구체적으로 진행되고 있거나 준비하고 있습니다. 그러나 5년, 10년 후의 평택의 모습을 설명하거나 규정하기는 막연한 것이 현실입니다.

따라서 그동안 도시발전의 여건변화와 비전을 담은 구체적인 종합계획과 이를 선도할 Leading Project의 추진이 필요합니다.

먼저, 우리 시를 발전적으로 특징할 수 있는 아이템을 개발함은 물론, 각종 개발 사업을 체계적이고 종합적으로 아우를 수 있도록 2030 평택시 장기종합발전계획을 수립하겠습니다.

또한 종합행정타운 이전 건립을 준비하겠습니다.
행정타운은 시민의 편의 증진뿐 아니라 미래 평택의 중심이라고 할 수 있습니다.

현재 추진 중인 고덕국제신도시 개발계획에는 시청사를 비롯한 행정타운 건립이 포함되어 있으나 아직 이에 대한 준비는 전혀 이루어지지 않은 것이 현실입니다. 올해부터 특별회계 설치 등을 통해 구체적이고 단계적으로 준비해 나가겠습니다.

아울러 차세대 성장 동력산업인 MICE 산업(회의, 보상관광, 컨벤션, 전시회를 통칭)을 육성하고 우리시 발전을 촉진하고 지원할 수 있는 거점을 마련하기 위하여 컨벤션센터 건립도 적극 추진하겠습니다.

이와 함께, 신성장 핵심 동력사업을 속도감 있게 추진하겠습니다.

지난해 착공한 삼성·LG 산업단지, 지난 10월에 승인된 KDB 유토플렉스

·신재생 산업단지를 비롯하여 평택호 관광 단지 조성사업, 고덕국제신도시 및 각종 도시개발사업 등은 새로운 평택을 위한 핵심 동력사업입니다. 사업이 가시화될 수 있도록 속도감 있게 추진해 나가겠습니다. 또한, 기업 및 협력업체 입주 유치, 시민 채용, 더 나아가 지역경제 활성화를 위한 다양한 협력 방안을 협의해 나가겠습니다.

한편, 지난해 브레인시티 사업에 대한 행정자치부의 투자심사 결과가 재검토로 결정됨에 따라 많은 시민들께서 우려하고 있습니다.

내용을 보완하고 철저하게 준비해서 2월에는 반드시 통과될 수 있도록 대비하고 있다는 말씀을 드립니다.

둘째, 일자리 창출과 지역경제 활성화에 총력을 기울이겠습니다.

일자리는 우리의 생존과 직결되는 문제로서 모든 연령층에 해당되는 사항이지만 특히, 청년 실업이 사회적인 문제로 대두되고 있는 상황을 고려할 때 이에 대한 대비는 우리 모두의 책무입니다.

2015년 상반기 기준, 우리 시 실업률은 2.7%로 경기도 3%, 전국 3.9%에

비해서는 상대적으로 양호한 상태입니다만, 더 높은 고용 창출을 위해서는 고용 기반을 갖추는 노력이 더 필요하다 하겠습니다.

올해에도 각종 산업단지 조성, 기업체 방문 및 유치 활동, 취업박람회, 지역공동체 일자리사업, 사회적기업 육성 지원 등 기업유치와 일자리 창출에 역점을 두겠습니다.

이와 함께 지역경제 활성화를 위해 전통시장과 소상공인 맞춤형지원, 창업원스톱 행정서비스를 통한 서비스 확대 등 다각적인 방안을 강구하여 추진하겠습니다.

아울러 농가소득 및 농업 경쟁력을 제고하겠습니다.
먼저 농업의 경쟁력 확보를 위해 과학과 친환경 기반을 갖춰 나가겠습니다. 전문 농촌 지도인력 양성, 새로운 소득 대체작물 개발, 체험농장 등 농업의 관광 자원화를 추진하겠습니다.

또한, 농·축산 브랜드인 슈퍼오닝에 대한 적극적인 마케팅과 새로운 판로 개척, 로컬 푸드 활성화 등 6차 산업 기반 구축, 축사시설 현대화 및 조사료 생산기반 확충, 한우 명품화 등 농축산농가 경쟁력 강화를 위해 노력하겠습니다.

셋째, 도시기능을 확충하여 도시경쟁력을 높여 나가겠습니다.

먼저, 항만·물류·교통기능 확충입니다.
자동차 수출입 물동량 부분에서 5년 연속 전국 1위를 차지하고 있는 평택항의 지속적인 발전을 위해 필요한 기능을 확충해 나가겠습니다.
아울러 항만 배후단지 개발, 국제여객부두 건설, 노후된 국제여객터미널 시설을 개선하는 등 항만의 자족기능을 강화해 나가겠습니다.

또한, 내년 상반기 준공예정인 수도권 KTX와 평택·지제역사를 비롯해서 광역환승센터 건립, 포승~평택 간 철도, 서해선 복선전철 등 광역 물류, 교통 기반이 적정하게 추진되도록 하겠습니다.

고덕신도시와 기존도심이 조화를 이루는 가운데 균형발전을 이룰 수 있도록 도로망을 연결하고, 국도 1호 및 38호 우회도로 개설, 평택호 횡단도로 개설, 권역간 연결도로 설치 등 사통팔달의 교통망을 완성해 나가겠습니다.

이와 함께 2017년 본격적인 미군기지 이전에 선제적으로 대비하기 위해 그동안 T/F를 구성해서 준비해온 신장동과 안정리 등 기지 주변지역의 자생력 확보를 위한 인프라를 구축하겠습니다.

또한, 올해부터 시행하게 되는 방음시설 사업도 알차게 준비해서 진행토록 하겠습니다. 현재 구체적인 협의가 진행되고 있는 외교부 평택사무소도 중요한 역할을 할 것으로 믿고 있습니다.

이와 함께 시민들께서 일상을 즐길 수 있도록 친수공간 등 여가기반을 확충하겠습니다.
시민들께서 생활주변에서 쉽고 편하게 즐길 수 있도록 문화와 예술, 관광·공원, 체육 등이 망라된 여가 기반을 확충하겠습니다.

평택호관광단지 조성사업, 진위천 수변공원 조성, 오성 농업생태공원, 안중 레포츠공원, 궁리 소풍정원 및 캠핑장, 내리 수변문화공원, 이충레포츠공원 확장, 부락산 산림테마공원, 모산 근린공원과, 배다리 생태공원조성 등을 권역별로 균형 있고 짜임새 있게 추진하고 있으며, 조기에 완성될 수 있도록 진행하겠습니다.

아울러 생활체육 인프라와 프로그램도 대폭 확대해 나가겠습니다. 기존의 시설을 편리하게 개선함은 물론, 진위 체육공원과 서부 실내체육관 등 권역별 공공체육시설을 확충하는 등 안전하고 편안하게 이용할 수 있는 체육환경을 만들어 나가겠습니다.

넷째, 나눔과 배려 문화가 정착되도록 하겠습니다.

우리 사회의 양극화는 갈수록 심화되고 있고 공동체는 급격하게 해체되고 있습니다. 어려울 때일수록 더불어 사는 삶이 절실합니다. 공동체를 복원하고 온정의 불씨를 되살려야 합니다. 이는 참여복지로 이루어 낼 수 있으며, 서로 상충될 수밖에 없는 복지수요의 증가와 재정의 한계를 극복할 수 있는 방안이 될 것입니다.

나눔과 기부문화 활성화로 이루어질 수 있다고 생각합니다. 지난해 발족한 행복나눔 본부를 중심으로 나눔과 기부문화가 활성화되도록 최선의 노력을 다하겠습니다.

아울러, 시민이 건강하고 행복한 삶을 누릴 수 있도록 다양한 복지행정을 추진하겠습니다.
남부와 서부 복지타운 , 장애인 단기보호시설 등 복지시설을 확충하고, 가족 맞춤형 서비스 지원 확대, 청소년 활동 지원, 드림 스타트 확대 운영 등 다양한 시책을 추진해 나가겠습니다.

이와 함께 복지 사각지대의 발굴과 해소, 노인과 여성의 사회 참여와 취업 지원, 다문화 가족을 포함한 사회적 약자를 보살피는 일에도 소홀함이 없도록 하겠습니다.

마지막으로 교육환경을 개선하고 안전한 평택을 만들겠습니다.
고등학생 자녀를 둔 대부분의 시민은 대학교 입학과 외지에서의 생활 문제로 많은 고민을 하고 있습니다.
지난해 두 번에 걸쳐 실시한 대학입시 설명회를 올해에도 좀 더 보완해서 실시하고, 외지에서 공부하는 우리 학생을 위한 평택학사를 우선 서울지역을 대상으로 준비하여 추진하겠습니다.

또한 공교육이 강화될 수 있도록 교육경비와 지역개발사업비를 활용한 교육 지원 사업을 적극 추진토록 하겠습니다.

이와 함께 청소년 글로벌 역량 강화 및 IT중독 예방, 청소년 동아리 확대 지원, 지역간 정보문화 격차 해소를 위한 도서관 건립, 국제화 교육 특구 지정 등 생활 속 교육기반을 확충해 나가겠습니다.

우리는 지난해 5월 초유의 메르스 사태를 비롯해서 프랑스 테러사건, 서해대교 케이블 화재로 소중한 인명피해와 엄청난 시련을 겪었습니다. 이와 같이 우리는 예기치 못한 사건 사고에 노출되어 있어 이에 대한 대비도 절대적으로 필요하다고 하겠습니다.

먼저, 사고예방 및 재난대응 강화를 통해서 안전한 도시 평택을 구축하고 안전에 대한 시민 불안감을 해소하기 위해서 공공시설물 유지관리에 최선을 다하겠습니다.

이와 관련 추진 중인 WHO 국제안전도시도 세심하게 준비해서 공인 받도록 하겠습니다.

존경하는 시민 여러분! 그리고 공직자 여러분!

지금까지 올해 시정의 주요방향에 대해 말씀을 드렸습니다만, 모든 분야의 시정은 시민생활과 밀접하게 관련되기 때문에 하나하나가 모두 소중하다고 생각합니다.

새해 예산 1조 1,947억 원을 알차게 집행하는 등 시정 각 분야에서 소홀함이 없도록 균형 있게 추진하겠습니다.

또한 국·도비 현안사업을 비롯한 공모사업과 각종 시정평가에 대비하여 연초부터 시민은 물론 전문가, 시민단체의 의견을 수렴하는 등 사전에 준비해 나가겠습니다.

존경하는 시민 여러분! 그리고 공직자 여러분!

새해는 민선 6기가 출범한 지 3년 차가 되는 해로 주요 시정 성과가 가시화되는 중요한 시기입니다.
또한 해결해 나가야 할 과제도 많아 더욱 바쁜 시기가 되리라 생각합니다.
그러나 혼자 할 수 없습니다.
시장인 저를 비롯한 1,800여 공직자 모두는
시민과 국회의원, 도의원, 시의원 등과 함께하겠습니다.

존경하는 시민 여러분!
공직자 여러분!
지난 한 해 정말 수고 많으셨습니다.
2016년 병신년 새해 복 많이 받으시고,
건강과 행복이 가득하시길 기원드립니다.
감사합니다.

2016년 새해 아침

평 택 시 장 공재광

2017 신년사

존경하는 47만 평택시민 여러분,
그리고 1,800여 공직자 여러분!

2017년 희망찬 정유년 새해가 밝았습니다.
새해에는 시민 여러분 모두 뜻하시는 소망을 이루시고, 한 분 한 분 가정
마다 기쁨과 행복이 넘쳐나기를 기원합니다.

특히, 청년들의 소중한 꿈이 마음껏 펼쳐지고 시민들의 살림살이가 넉넉
해지는 그런 한 해가 되기를 간절히 소망합니다.

또한, 고병원성 AI의 심각한 피해 확산과 대통령 탄핵소추안 의결이라는
초유의 사태를 맞이하여, AI 확산방지를 위한 긴급방역, 시민 불안 해소
등 지역안정대책을 흔들림 없이 추진할 수 있도록 참여하고 성원해 주신
시민 여러분께 깊은 감사를 드립니다.

존경하는 시민 여러분!

민선 6기 출범 이후 우리 시는 수많은 어려움과 시련 속에서도 신성장 경

제신도시로 도약하기 위해 많은 일들을 해 왔습니다.

그 결과 국내외 어려운 경제상황 속에서도 대한민국에서 가장 역동적인 도시로 변모하여 왔으며 시정의 각 분야에서 많은 성과를 이루어 낼 수 있었습니다.

무엇보다 보람을 느끼는 것은 오랫동안 어려움에 처해 있던 쌍용자동차의 경영정상화를 비롯하여 주민들의 숙원사업인 브레인시티 사업의 재추진 토대 마련, 평택지제역 고속철도개통, 우리 시 미래계획인 2040 장기발전 종합계획 마련에 이르기까지 어느 것 하나 쉬운 일은 아니었지만, 시민 여러분께서 보내주신 열정과 에너지, 따뜻한 격려와 응원들이 큰 힘이 되었습니다.

그 결과, 우리 시는 정부는 물론, 언론·사회단체로부터 시정의 각 분야에서 성과를 인정받아 2016년 대한민국 도시대상 수상은 물론 청소년보호정책 우수기관으로 선정되는 등 우리 시 위상을 한층 드높인 한 해였다고 자부할 수 있습니다.

존경하는 시민 여러분!

그리고 공직자 여러분! 올해는 민선 6기 4년 차를 맞이하여 그동안 우리가 심혈을 기울여 추진해 온 노력들이 구체적인 성과로 결실을 맺고 그 혜택이 시민 모두에게 골고루 돌아갈 수 있도록 우리 모두의 노력이 필요한 시기입니다.

그동안 우리 시는 여러 가지 지역발전 동력을 가지고 있어 상대적으로 좋은 여건이 유지되고 있지만 지금 우리가 처한 주변 여건들은 하나같이 만만치 않아 보입니다.

새해에도 국내외 경제상황은 여전히 어려움이 예상된다는 전망 속에 저출산과 고령사회는 우리 시 발전에도 장애요인으로 작용할 것이 분명합니다.

하지만 상황을 바라보는 관점과 의지의 정도에 따라 위기와 기회의 경계는 얼마든지 달라질 수 있다고 생각합니다. 미래는 준비하는 자의 것이라는 말처럼, 더욱더 긴장하고 알차게 대비해서 위기도 기회로 활용하는 지혜로운 한 해를 만들어 가겠습니다.

시장을 비롯한 1,800여 공직자 모두는 지금까지 시민 행복과 새로운 평택 발전을 위해 달려왔듯이 새해에도 도시 발전과 품격에 걸 맞은 시민 한 분 한 분의 삶의 질과 행복을 높여 따뜻한 평택시를 만드는 데 혼신의 노력을 다하겠다는 약속을 드리면서 새해 중점 시정 운영방향에 대해 말씀드리겠습니다.

첫째, 핵심동력사업이 지속적으로 발전하고 좋은 일자리가 만들어지는 선순환 경제를 실현하는데 시정을 집중 하겠습니다.

새해 개통된 평택 지제역 고속철도와 함께 고덕국제신도시, 삼성·LG산업단지, 평택호 관광단지, 황해경제지구 등 항만배후단지, 그리고 각종 도시개발 사업은 우리 시 미래를 선도할 핵심 사업입니다.

올해에도 이러한 핵심사업의 도약을 통해 도시 발전과 일자리 창출을 촉진하는 선순환 경제를 뒷받침할 수 있도록, 신성장 동력산업을 속도감 있게 추진하면서 비전 있는 전략 사업을 지속적으로 발굴해 나가겠습니다.

특히, 지난 2년 동안 표류하다가 시민모두의 의지와 염원으로 재추진할 수 있도록 토대가 마련된 브레인시티 사업은 상반기까지 필요한 사전 준비 절차를 이행하고, 하반기에는 본격 추진될 수 있도록 세밀하게 준비하여 평택은 물론, 경기 남부권의 신경제축으로 발전시켜 나가겠습니다.

또한 시민에게 가장 시급하고 중요한 일자리 창출을 시정의 최우선 과제로 삼겠습니다.

청년들이 내 고장 평택에서 희망을 꿈꿀 수 있도록 청년 일자리 문제를 해결하는 것이야말로 지역사회를 건강하게 만드는 중요한 요인이라고 생각합니다. 청년들의 취업과 창업을 돕기 위해 대학생 및 청년인턴 사업, 대학창조 일자리센터, 꿈 놀이터 조성사업 등 새로운 청년 일자리사업을 확대하는 등 촘촘한 지원체계를 마련하겠습니다.

아울러 취약계층에 대한 일자리 확대, 사회적기업 육성, 지역 맞춤형 일자리사업 등 다각적인 방안을 마련하여 추진하겠습니다.

둘째, 사회적 약자와 더불어 사는 따뜻한 지역공동체를 조성하고 시민들의 안전을 위해 더욱 노력하겠습니다.

복지수요의 증가와 재정지원의 한계를 극복하기 위해 시민들의 나눔과 돌봄, 배려와 존중, 협동과 연대를 통해 사회적 약자의 인권이 보호되고 개선될 수 있도록 안전망을 구축해 나가겠습니다.

「우리 동네 복지리더」, 취약계층 「행복나눔 돌보미」 운영 등을 통해 도움이 필요한 복지 사각지대의 위기가정을 찾아내어 생계비를 지원하는 등 어려운 이웃을 세심하게 살피는 데 힘쓰겠습니다.

또한 홀로 사는 노인, 여성, 청소년이 행복한 도시를 만드는 데 노력을 다하겠습니다.

어르신들의 안정적인 노후 생활 지원을 위한「카네이션하우스」설치, 경로당 이미지 개선 및 맞춤형 프로그램 운영 등 다양한 경로당 활성화사업을 통해 어르신들이 제2의 인생을 설계할 수 있도록 기회를 확대해 드리겠습니다.

특히, 여성이 당면한 현실을 헤쳐 나갈 수 있도록 맞벌이부부 양육부담 경감을 위한 아이돌봄 등 일과 가정 양립을 위한 가족맞춤형 서비스를 확대하고, 청소년들의 건강하고 균형 있는 성장을 위해 놀이와 교육, 직업체험 활동을 적극 지원하겠습니다.

아울러 시민 모두가 건강하고 행복한 삶을 누릴 수 있도록 남부와 서부 복지타운건립, 장애인회관 증축, 평택항 근로자 복지회관 등 복지시설 인프라를 확충하고 맞춤형 복지서비스 기반조성과 읍·면·동 복지허브화를 확대해 나가겠습니다.

이와 함께 안전한 도시 평택을 위해 더욱 힘쓰겠습니다. 우리나라도 더 이상 안전지대가 아닌 지진을 비롯하여 수해, 폭염 등 천재지변은 물론, 각종 범죄로부터 시민을 보호하기 위해 적극 대응하겠습니다.

2018년 국제안전도시 공인을 목표로 추진 중인 안전도시 지역증진사업을 착실하게 추진하면서 생활주변에서 시민들의 안전을 위협하고 있는 안전 사각지대 해소에도 노력하겠습니다.

특히 주민들이 미세먼지, 악취, 항공기소음, 수질악화 등으로 피해를 입는 사례가 없도록 꼼꼼하게 살피면서, 방범, 불법주정차, 쓰레기 무단투기, 재난재해 예방을 위해 CCTV를 확대 설치하고 U-서비스 통합센터의 24시간 모니터링을 강화하겠습니다.

이와 함께 오래된 공동주택에 대한 안전점검을 실시하여 노후시설을 보수하는 등 재난위험을 사전에 예방하겠습니다.

셋째, 도시재생사업을 통한 도심 활력을 회복시키고 지역주민 중심의 커뮤니티 활성화 지원을 강화하겠습니다.

지역주민 스스로 지역의 문제를 발굴하여 해결방안을 모색할 수 있도록 도시재생 지원센터 및 도시재생대학을 운영하고 주민협의체를 구성하는 등 주민역량 강화 프로그램을 확대 운영하겠습니다.

이를 위해 맞춤형 정비사업인 창조적 마을 만들기 사업, 주거환경 개선사업 등 도시재생 사업을 적극 발굴하여, 민간의 전문성과 창의성이 결합된 자력형 도시재생을 추진하여 사업 효과와 효율성을 극대화시켜 나가겠습니다.

넷째, 시민들의 삶이 풍요롭고 행복지수가 높은 매력 있는 도시를 만들어 가겠습니다.

시민들이 쉽고 편하게 일상을 즐길 수 있도록 문화예술, 관광, 공원, 체육 시설 등 여가 기반을 지속적으로 확충해 나가겠습니다.

무엇보다 풍부한 수량과 뛰어난 자연경관을 자랑하고 있는 진위·안성천은 평택의 자랑이자 커다란 자원입니다.

진위·안성천~평택호로 이어지는 물줄기를 자연친화적인 시민휴식공간으로 조성하기 위해 "진위·안성천 두강변 사업"과 문화·예술·레저가 공존하는 항만도심형 친수공간 조성에 역점을 두면서, 추진 중인 오성 농업생태 공원, 안중 레포츠공원, 궁리 소풍정원 및 캠핑장, 내리 수변문화공원, 부락산 산림 테마공원, 모산 근린공원 등은 조기에 완성될 수 있도록 노력하겠습니다.

또한 포승레포츠공원, 진위체육공원 등 권역별 공공체육 시설을 확충하고 기존 시설을 편리하게 개선하여 안전하게 이용할 수 있는 체육환경을 만들어 가겠습니다.

아울러, 시민들의 다양한 문화욕구 충족으로 행복지수를 높이기 위해 안정쇼핑몰 예술인광장 조성, 평화예술의 전당과 박물관 건립, 웃다리 문화촌 활성화 등 체험형 문화예술과 관광인프라를 확대하고 시민과 함께하는 테마별 축제를 활성화시켜 나가겠습니다.

이와 함께 국제안보도시 평택에 걸맞은 평화공원을 조성하여 안보교육과 체험은 물론, 평택항과 평택호 관광단지를 연계하는 안보관광지로 발전해 나갈 수 있도록 준비하겠습니다.

다섯째, 농업경쟁력 제고와 교육환경 개선 등 미래 평택을 위한 투자에도 소홀함이 없도록 하겠습니다.

농업은 우리 시 기본산업이며 미래의 희망입니다.
그러나 영농환경은 갈수록 어려워지고 있어 이에 대한 대비도 철저히 하겠습니다. 농업 경쟁력 확보를 위해 과학과 친환경 기반을 갖춰 나가면서,

전문 농촌 지도인력 양성, 새로운 대체작물 개발, 농촌지역 개발사업 등을 통해 농업의 관광자원화를 추진하겠습니다.

또한 농·축산 브랜드인 슈퍼오닝에 대한 적극적인 마케팅과 새로운 판로 개척, 농업인들의 숙원사업인 농민회관 건립과 로컬푸드 활성화 등 6차 산업 기반구축, 축사시설 현대화 등 농업경쟁력 강화를 위해 지속적으로 노력하겠습니다.

아울러 교육환경 개선을 위해 적극 노력하겠습니다.
공교육 강화와 교육환경을 개선하기 위해 교육지원과 장학사업을 지속적으로 확대하고 지역인재 육성을 위해 평택시 장학관 건립을 적극 추진하겠습니다.

또한 평생학습 문화 확산을 위해 시민들을 대상으로 영어 교육을 실시하는 등 평생교육 활성화에도 적극 노력하겠습니다.

이와 함께 미군기지 이전 대책, 종합행정타운 건립, MICE 산업육성 등 미래 평택을 위한 대책도 착실하게 준비하여 우리 세대뿐만 아니라 미래 세대까지 지속 가능한 도시 발전의 토대를 만들어 가겠습니다.

존경하는 시민 여러분! 그리고 공직자 여러분!

지금까지 올해 시정의 주요 방향에 대해 말씀드렸습니다만, 모든 분야의 시정은 시민생활과 밀접하게 관련되기 때문에 하나 하나가 모두 소중하다고 생각합니다.

새해 예산 1조 2,293억 원을 알차게 집행하는 등 시정 각 분야에서 소홀함이 없도록 균형 있게 추진하겠습니다. 또한 모든 행정은 시민과 함께 설계하고 결정한다는 원칙을 가지고 시민이 시정의 주인이 되는 다양한 시민참여 모델을 도입하여 실천하겠습니다.

이와 함께 최근 AI 피해 확산과 대통령 탄핵소추안 가결, 장기적인 경제불황 여파로 시민불안이 우려되고 있는 상황에서 공직자 본연의 자세가 어느때 보다 중요한 만큼, 시장을 포함한 우리 시 공직자 모두는 시민들의 안전과 어려운 이웃들을 보호하기 위해 현장행정을 강화하는 등 시정의 누수를 방지하고 시민생활에 불편함이 없도록 선제적으로 대응해 나가겠다는 말씀을 드립니다.

존경하는 시민 여러분! 그리고 공직자 여러분!

지금 우리 시는 대한민국에서 가장 역동적인 도시로 도약할 수 있는 최고의 골든타임을 맞이하고 있습니다.

이러한 천재일우의 기회가 지역발전과 시민행복으로 결실을 맺을 수 있도록 시장을 비롯한 우리 시 공직자 모두는 시민과 함께하면서 바른 시정을 펼치고 정직한 변화를 추구하겠습니다.

다시 한번 "대한민국 신성장 경제신도시 평택"을 시정목표로 제시하고 출발했던 그 마음으로 돌아가서, 오직 시민과 함께 평택의 역량을 믿고 2017년 평택시정은 힘차게 출발하겠습니다.

지금까지 보내주신 따뜻한 격려와 응원처럼 새해에도 시민 여러분의 변함없는 성원과 협조를 당부드립니다.

새해 복 많이 받으십시오!

2017년 새해 아침
평택시장 공재광

2018 신년사

존경하는 48만 평택시민 여러분,
그리고 1,800여 공직자 여러분!

희망찬 무술년 새해가 밝았습니다.
새해에는 시민 여러분 모두 뜻하시는 소망을 이루시고, 가정마다 기쁨과 행복이 가득하기를 기원합니다.
무엇보다 시민 모두가 안심하고 일상에 전념하면서 누구나 노력한 만큼 보상 받을 수 있는 공정한 기회 속에서 시민들의 소중한 꿈이 마음껏 펼쳐지는 그런 한 해가 되기를 간절히 소망해 봅니다.

또한, 지난해 심각했던 봄 가뭄과 폭염, AI 피해예방, 빈번한 지진발생 등과 같은 자연재해는 물론, 북한핵으로 인한 끊임없는 안보위협으로부터 민생안정대책을 흔들림 없이 추진할 수 있도록 참여하고 성원해 주신 시민 여러분께 깊은 감사를 드립니다.

존경하는 시민 여러분!

3년 6개월 전, 민선 6기는 "대한민국 신성장 경제신도시 평택"을 시정목표로 출발하였습니다.

그리고 그 약속을 지키기 위해서 우리는 심각한 경제난과 청년실업 문제 등 어려운 여건 속에서도 오직 평택 발전만을 생각하면서 쉼 없이 매진해 왔습니다.

그 결과, 지난 민선 6기 동안, 평택은 많은 것이 변했습니다.

현장에서 경청한 시민의 목소리는 시정 운영의 "기준과 좌표"가 되었으며, "기본과 원칙"의 시정기조 속에서 소통, 공감, 화합이 시정 깊숙이 내면화 된 시간이었습니다.

이러한 우리 시 변화의 노력들은 많은 성과로 이어졌습니다.

평택항 매립지 경계분쟁 승리, 삼성 반도체공장 조기착공 및 가동, 메르 스 위기상황 극복, 쌍용자동차 경영정상화, 미군기지 이전사업 마무리, 평 택지제역 고속철도시대 개막, 브레인시티사업 재추진, 각종 도시개발사업 활성화 등 오래된 지역현안을 슬기롭게 해결할 수 있었으며, 지역경제 활 성화, 시민복지 확대, 지역공동체 회복을 위한 수많은 노력과 정책들이 시 민들의 삶에 가시적인 변화를 만들어 냈습니다.

특히, 지난해에는 지역인재양성과 교육환경 개선을 위해 시민 여러분과 함께 노력한 결과, **평택시장학관 조성을 완료**하고 새 학기 입사생을 모집 하는 의미 있는 성과도 있었습니다.

이러한 노력으로 우리 시는 정부는 물론, 시민·사회단체로부터 시정의 각 분야에서 성과를 인정받아 2년연속 대한민국 도시대상과 한국지방자치 경영대상 수상을 비롯하여, NEXT경기 창조오디션과 전국매니페스토경진대회에서 최우수상을 수상하는 등 우리 시 위상을 한층 드높인 한해였다고 자부할 수 있습니다.

이 모든 것은 시민 여러분께서 보내주신 따뜻한 격려와 응원이 있었기에 가능하였습니다. 다시 한번 시정에 참여하고 함께해 주신 시민 여러분께 감사의 말씀을 드립니다.

존경하는 시민 여러분! 그리고 공직자 여러분!

올해는 민선 6기 시정이 마무리되고 민선 7기가 새롭게 시작되는 시기입니다. 저성장과 양극화, 인구절벽, 청년실업 등 많은 어려움이 예상되고 있지만 우리시 미래를 향한 중단 없는 전진은 계속되어야 합니다.

무엇보다 시민들의 삶의 근간인 안전과 일자리창출, 지역공동체활성화와 시민복지 향상을 위한 노력은 어떠한 경우에도 흔들림 없이 추진되어야 합니다.

또한 도시가 빠르게 발전하고 시민들의 삶이 급변하고 있는 상황에서 시민들은 무엇을 원하고 있는지? 그것을 민선 7기 평택시정은 어떻게 실현할 것인지에 대한 해답을 찾기 위해 우리 모두는 고민하고 대책을 마련해야 하는 엄중한 시기이기도 합니다.

이러한 때일수록 저는 시장으로서 무한 책임감을 느끼면서 기본과 원칙에 충실한 시정운영만이 최선의 방안이라고 확신하면서 시민의 삶과 일상을 챙기는 일에 총력을 다하고자 합니다.

새해에도 시장을 비롯한 1,800여 공직자 모두는 우리 시 미래를 향한 중단 없는 전진으로 행복도시 평택을 만드는 데 진력해 나가겠다는 약속을 드리면서 주요 시정운영 계획을 말씀드리겠습니다.

첫째, 시민 모두가 함께 누리는 따뜻한 지역 복지 공동체를 활성화 시켜 나가겠습니다.

무엇보다 행정의 손길이 닿지 않아 고통 받는 사람이 없도록 소수자와 약자를 배려하고 섬기는 마음으로 더욱 세심하게 보살피겠습니다.

또한 복지수요의 증가와 재정지원의 한계를 극복하기 위해 공공-민간의 협력을 통해 맞춤형 복지체계를 한층 더 강화해 나겠습니다.

이를 위해 취약계층의 생계·의료·교육 전반에 걸쳐 행복한 동행이 되는 「맞춤형 복지플러스」, 「이웃살핌 행복더함」, 「장애인가족 지원센터」 운영을 통해 복지사각지대의 위기가정 해소에도 노력하겠습니다.

아울러, 치매 통합관리서비스 확대, 환자가족 스트레스 해소를 위한 지원 프로그램 운영, 출산장려 및 난임여성 지원사업을 확대·운영하는 등 예방적 보건복지 서비스도 적극 발굴하여 추진하겠습니다.

이와 함께 우리사회의 약자인 여성, 아동, 어르신들이 안전하게, 안심하고, 안정적으로 살 수 있도록 생활환경을 적극 개선하겠습니다.
여성·보육의 공공성 강화와 품질향상으로 일과 가정에 전념할 수 있도록 「아이맘카페」를 확대운영하고 어린이집 382개소를 대상으로 공기청정기를 지원하는 등 환경개선 사업을 확대하겠습니다.

또한 "무인택배보관함"을 운영하고 "여성안심귀가 로드매니저"를 도입하여 각종 범죄로부터 여성을 안전하게 보호하겠습니다.
아울러, 아동의 권리강화를 위해 평택형 아동친화도시 조성을 목표로 아동학대예방 및 보호에 관한 조례제정, 우리 마을 아동지킴이 운영, 학대피해아동 쉼터조성 등 아동보호 지역안전망 인프라를 구축하고 학교주변 범죄예방 환경디자인, 학교 밖 청소년지원 등 실질적인 전략과제를 마련하여 적극 실천하겠습니다.
이와 함께 어르신들의 활기차고 안정적인 노후 생활을 적극 지원하겠습니다.

초고령사회 진입을 앞두고 어르신들께서 건강하고 활력 있는 노년을 영위할 수 있도록, 경로당 시설현대화사업 확대, 경로당 임대지원사업 추진, 인생2막은퇴설계, 노년일자리사업 등 실행과제를 마련하여 적극 추진하겠습니다.

둘째, 핵심동력사업의 지속적인 발전을 통해 좋은 일자리가 만들어지는 선순환 경제를 실현하는 데 시정 역량을 집중하겠습니다.

지난해 상반기부터 본격 가동되고 있는 삼성·LG산업단지를 비롯하여, 브레인시티, 황해경제지구 등 조성중인 산업단지와 고덕국제신도시, 평택항·평택호 관광단지, 항만 배후단지, 그리고 역세권개발 등 각종 도시개발사업은 우리 시 미래를 견인할 핵심산업입니다.

올해에도 이러한 핵심산업의 발전을 통해 도시발전과 일자리 창출을 촉진하는 선순환 경제를 뒷받침할 수 있도록, 신성장 동력산업을 속도감 있게 추진하면서 비전 있는 전략사업을 지속적으로 발굴해 나가겠습니다.

특히, 본격 추진을 앞두고 있는 브레인시티사업은 세밀하게 준비하여 4차 산업혁명 시대를 선도하고 지역발전의 새로운 동력이 될 수 있도록 차질

없이 추진해 나가도록 하겠습니다.

또한 일자리 창출과 지역경제 활성화를 시정의 최우선 과제로 삼겠습니다. 낮은 경제성장률이 지속되면서 우리는 지금 양극화, 저출산, 고령화의 늪에서 사회적 약자에게 매우 가혹한 경제 현실에 직면해 있습니다. 청년의 사회참여 확대와 일자리 창출에 시정역량을 집중하고 소상공인 지원에도 최선을 다하겠습니다.

이를 위해 사회 진입에 어려움을 겪는 청년을 위해 창업지원센터를 통한 청년인턴사업, 대학일자리센터 지원사업을 확대하고, 50+보람일자리사업, 평택 맞춤형 일자리프로젝트 등 지역특화 일자리사업에 대한 지원 체계를 마련하겠습니다.

또한 중소기업과 소상공인의 경쟁력 강화를 위해 애로사항 해소와 경영지원사업을 지속적으로 확대해 나가는 한편, 기업의 애로사항을 현장에서 직접 듣고 있는 만큼, 실효성 있는 방안을 마련하여 적기 적소에 지원하도록 하겠습니다.

이와 함께 침체되고 있는 전통시장이 청년창업 열풍의 진원지로 거듭 태어나고, 특색 있는 먹거리와 공연이 있는 활력 공간으로 바뀌어 도시의 살아 있는 삶의 기운이 될 수 있도록 더욱 세심하게 살피겠습니다.

셋째, 시민의 생명과 안전을 시정의 최우선 가치에
두겠습니다.

지진 등 대형 재난과 사고에 대한 시민들의 불안감 해소를 위해 재난안전
종합대책을 마련하고 체계적인 훈련과 교육을 통해 시민들께서 각종 위기
상황에 신속히 대처할 수 있도록 최선을 다하겠습니다.
또한 모바일을 통한 실시간 재난정보를 제공하고 대형공사장, 산업단지
조성 현장 등 재해취약 시설물 사전점검 강화로 현장중심의 재해예방에도
만전을 기하겠습니다.

이와 함께 민·관·군 협력체계 구축을 통한 대응복구태세 확립 등 재난 대
응역량을 제고하기 위해 투자를 아끼지 않겠습니다.
올해 상반기 국제안전도시 공인을 목표로 추진 중인 안전도시 지역증진사
업을 착실하게 추진하면서, 생활주변에서 시민들의 안전을 위협하고 있는
안전사각지대 해소에도 노력하겠습니다.
특히, 시민 건강과 직결되는 미세먼지, 악취, 항공기소음, 수질악화 등으
로 주민들이 피해를 입는 사례가 없도록 "텐텐프로젝트"와 개정된 "가축사
육제한 조례" 등을 착실하게 실천하면서, 도시숲조성, 스마트가로등, 범죄
예방 도시디자인등 생활밀착형 사업을 확대하여 시민들이 안심하고 활동
할 수 있는 안전한 도시를 만들겠습니다.

넷째, 생활밀착형 사업을 적극 추진하여 도시균형발전을
만들어 가겠습니다.

원도심에 활력을 불어넣고 지역경제와 공동체가 살아나는 사람 중심의 도
시재생을 지속적으로 추진하겠습니다.
신장·안정지역, 명동골목 도시재생사업 활성화, 평택역광장 교통체계 개
선, 큰나무식재, 도시숲조성 등 생활밀착형 사업을 통해 도심활력을 회복
시키고 지역주민 중심의 커뮤니티 활성화 지원을 확대하겠습니다.
또한 미래지향의 지역균형발전을 위해 평택호 외곽도로개설과 원정지구
민간제안사업을 적극 추진하겠습니다.

이와 함께 평택을 걷고 싶은 도시, 걷기 쉬운 도시, 함께 걷는 도시로 조성
해 나가는 데 필요한 사람 중심의 보행환경 개선사업을 적극 추진하고자
합니다.
이를 위해 통행에 불편을 초래하고 있는 도로시설물과 보도 통행로를 대
폭 정비하여 개선하겠습니다.

다섯째, 삶이 풍요롭고 활기찬 행복도시 평택을 만들어 가겠습니다.

시민 주도의 자생적 문화육성과 문화자원의 미래가치 창출을 위한 평택문화재단을 설립하여 새로운 패러다임에 걸맞은 문화정책 방향을 제시하고 체계적으로 추진해 나가겠습니다.
또한 시민들이 가까이서 일상을 즐길 수 있도록 문화예술, 관광, 공원 등 여가기반을 지속적으로 확충해 나가겠습니다.

이를 위해 진위·안성천~평택호로 이어지는 물줄기를 자연친화적인 시민 휴식공간으로 조성하기 위해 오성강변 르네상스사업과 평택항·평택호를 연계하는 서해대교주변 항만친수공간, 아쿠아벨벳프로젝트, 평택함을 활용한 해양안전체험관 조성에 역점을 두면서, 평화예술의전당과 박물관 건립, 안정쇼핑몰 예술인광장 및 팽성예술창작공간조성, 지영희문화관광콘텐츠 개발, 웃다리문화촌 활성화 등 체험형 문화예술 및 관광인프라를 확대하고 노을동요제, 오성강변르네상스축제 등 시민과 함께하는 테마별 축제를 활성화 시켜 나가겠습니다.

또한 추진 중인 농업생태공원, 내리수변문화공원, 진위체육 공원 등 권역별 공원·체육시설을 조기에 완성할 수 있도록 노력하면서, 기존 시설을 개선하여 편리하게 이용할 수 있도록 여가환경을 개선해 나가겠습니다.

이와 함께 교육환경 개선을 위해 적극 투자하고 노력하겠습니다.

많은 시민들의 관심과 기대 속에 2월에 개관하는 평택시장학관은 내실 있는 운영으로 지역인재육성의 요람으로 발전할 수 있도록 세밀하게 준비하겠습니다.

또한 공교육을 강화하고 교육환경을 개선하기 위해 교육지원과 장학사업을 지속적으로 확대하고, 모든 시민에게 학습 기회를 늘리기 위해 평생교육과 학습문화 확산을 위해서도 적극 노력하겠습니다.

이와 함께 행정종합타운 조성, 평택형 MICE산업육성 등 미래 평택을 위한 대책도 착실하게 준비하여 지속 가능한 도시발전의 토대를 만들어 가겠습니다.

마지막으로, 소통·공감·화합의 열린 행정을 정착시켜 나가겠습니다.

현장에서 시민들의 의견을 경청하고 대안을 마련하는 열린행정을 지속적으로 추진하겠습니다.

이를 위해 시민과의 대화, 경청토론회, 200인 원탁토론회를 지속적으로 추진하고 기업인과 학부모회, 공동주택입주자대표, 학생·청소년 등으로 그 대상을 확대하여 시민의 다양한 의견을 청취하겠습니다.

아울러 시민과의 약속사업은 물론 시정의 주요정책과 현안사항에 대한 추진 과정을 투명하고 신속하게 공개하여 열린 시정을 정착시켜 나가겠습니다.

존경하는 시민 여러분! 그리고 공직자 여러분!

지금까지 올해 시정의 주요 방향에 대해 말씀드렸습니다만, 모든 분야의 시정은 시민생활과 밀접하게 관련되기 때문에 새해 예산 1조 4,582억 원을 알차게 집행하는 등 시정 각 분야에서 소홀함이 없도록 균형 있게 추진하겠습니다.

또한 새해에는 지방선거, 4차 산업혁명시대 확장 등 다양한 사회적 이슈로 많은 변화가 예고되고 있는 가운데, 우리 시는 현명한 시정운영을 위해 어떻게 준비하고 계획해야 하는지 끊임없이 고민하면서, 정부에서 추진하고 있는 지방분권과 인구50만명 대도시 진입에 대비한 행정체계 마련 등 자치역량 강화를 위해서도 시민들과 함께 지혜를 모아가겠습니다.

올해에도 시장을 비롯한 공직자 모두는 시민과 함께하면서 4차산업혁명시대를 선도하는 새로운 동력산업 육성에서부터 어려운 이웃을 보살피는 일까지 중단 없는 발전을 이어갈 수 있도록 공정하고 투명한 시정운영으로 우리시 품격을 더 높이고, 오늘보다 내일이 더 기대되는 자랑스런 평택을 만들어 가겠습니다.

존경하는 시민 여러분! 그리고 공직자 여러분!

시정의 주인인 시민의 뜻에 따르고 시민들과의 약속을 지키는 것은 언제나 잊지 말아야 하는 근본입니다. 또한 시민들의 믿음에 약속으로 보답하는 것은 공직자의 당연한 자세이기도 합니다.

최근 우리는 시민의 힘과 역량이 이 시대의 흐름과 정신을 바꾸어 가고 있음을 목도하며 경험하고 있습니다. 그러나 지금까지 많은 변화에도 불구하고 시민들의 삶은 그대로라는 평가가 많습니다. 사회제도나 도시발전은 급변하고 있으나 정작 시민 개개인의 사회·경제적 상황은 변화가 없다는 것입니다.

마찬가지로 평택 시민들도 도시발전에 걸맞게 마을과 동네에서 자신의 삶이 개선되기를 갈망하고 있다고 생각합니다. 그래서 시정의 역할과 책임이 더욱 중요해지는 시기이기도 합니다.

잘 아시는 바와 같이 올해는 민선7기가 새롭게 출범하는 중요한 시기입니다. 자신의 정당한 권리를 이야기하는 시민들의 목소리는 더욱 높아질 것입니다.

이러한 시민의 기대에 부응하는 지역사회를 만들어 가기 위해서는 우리

모두 마음을 모으고 서로 경청하며 협력해야 할 때라고 생각합니다.
저부터 보다 낮은 자세로 시민들의 목소리에 귀 기울이겠습니다.

새해에도 평택시정은 시민의 권리가 살아 숨 쉬는 건강한 지역사회를 만들기 위해 최선을 다하겠습니다.
또한, 투명하고 중단없는 전진으로 우리 시 발전과 시민 행복을 위해 바른 시정을 펼쳐 나가겠습니다.

지금까지 보내주신 따뜻한 격려와 응원처럼 앞으로도 시민 여러분의 변함없는 관심을 요청드리며, 평택시장에 처음 당선되었을 때의 마음처럼 "초심을 잃지 않고, 시민과 함께 변화와 도전을 선도하는 더 큰 평택"을 만들기 위해 새해에도 힘차게 출발하겠습니다.

시민 여러분!
새해 복 많이 받으십시오!

2018년 새해 아침
평택시장 공재광

운명은 열심히 일하는 사람의 편,
공재광 평택시장

권 선 복

도서출판 행복에너지 대표이사
한국 정책학회 운영이사

나폴레옹은 "지도자는 희망을 파는 상인"이라고 했다. 상인은 파는 것을 생계의 수단으로 삼는 사람들이다. 그렇다면 리더의 생계 수단은 구성원들에게 희망을 파는 것이라 할 수 있을 것이다. 또한 조직은 리더가 가진 꿈과 그릇의 크기만큼 자란다. 큰 그릇은 많은 것을 담을 수 있다. 나와 다른 것, 나를 불편하게 하는 것들을 끌어안을 수 있을 때 큰 그릇이라 칭한다.

공재광 시장을 처음 만났을 때, 나는 그가 무한한 에너지와 더불어 올곧은 신념을 지닌 사람임을 직감했다. 첫 대면인데도 불구하고 서로 대화하는 데 있어 막힘이 없었다. 꾸밈이 없고 소박하지만 강직했다. 훌륭한 리더는 소통과 경청의 중요성을 알고 칭찬보다는 비판을 오히려 묘약으로 삼는다는 것을, 그는 이미 수많은 경험을 통해 체득한 듯했다.

리더는 남들이 보지 못하는 미래의 모습을 미리 보고, 이를 생생하게 묘사하며, 그 꿈과 비전이 조직의 것이 아닌, 바로 모든 구성원 개개인의 가슴을 울

렁거리게 하는 자신의 목표가 되도록 만들 수 있어야 한다. 그래야 조직의 모든 에너지가 같은 목표에 집중될 수 있다. 그리고 그때 비로소 비전이 실현된다. 그동안 공재광 시장과 평택시민, 공무원들이 한 마음이 되어 이루어낸 성과는 실로 눈부시다.

누리과정 예산통과, 브레인시티 재추진, 삼성전자 평택캠퍼스 가동, 평택항 신생매립지 환수, 평택시 장학관 건립, 주한미군 기지이전, 통북시장 청년숲 조성, 경청토론회, 평택호 관광단지 조성사업, 아주대학교 병원 건립 협약 등등.

이 책『공재광의 진심 기록으로 남기다』는 2014년 그가 평택시장에 취임한 후 오늘날까지 꾸준히 기록해 온 페이스북을 토대로 만들어졌다.

매일 반복되는 규칙적인 작업이 쌓여 위대함이 만들어진다고 하나, 이것이 말처럼 쉬운 일은 아니다. 공재광 시장은 자신의 현장 중심 행보를 마치 많은 시민들과 소통하듯 꾸준히 페이스북에 기록해 왔다. 더하거나 빼지 않고 있는 그대로의 사실이었다. 그 때문에 오히려 책장을 넘길 때마다 평택을 향한 무한한 애정과 그의 진심이 느껴진다.

많은 전쟁터에서 승패를 결정하는 중요한 요인이 있다. 한쪽은 전력을 다해 싸웠고 다른 한쪽은 그렇지 않았다면, 승리는 두말 할 것도 없이 전자의 몫이리라. 운명은 열심히 일하는 사람의 편을 들게 마련이다.

지금껏 열심히 일해 왔듯 앞으로도 공재광 시장이 평택시의 지킴이 역할을 다하며 젊은 평택, 행복한 평택을 위해 중단 없는 전진을 계속해 나갈 것을 믿으며, 지금 이 시간에도 시류에 휩쓸리지 않고 자신의 원칙과 소신을 지키며 살아가는 많은 분들에게 행복과 긍정에너지가 팡팡팡 샘솟길 기원 드린다.

평택발전을 위해 힘을 모아주신
평택시민 여러분의 노력과 공직자들의
열정을 남겨야겠다는 욕심에 매일매일
적어 내려간 기록들을 책으로
묶었습니다.

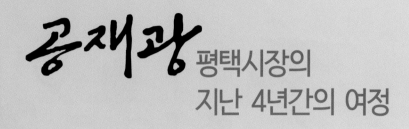

공재광 평택시장의
지난 4년간의 여정

"기록(記錄)은 행동을 부른다."

그리스 선박왕 오나시스가 생전에 한 말이다.

생각과 계획이 아무리 훌륭해도 그것을 행동으로

옮기지 않으면 소용없다는 사실은 새삼스런

일이 아니다. 중요한 것은 행동이고 실천이다.

그러면 행동과 실천의 원동력은 무엇일까?

이 물음에 오나시스는 '기록'이라고 대답하였다.

기록하지 않으면 잊어버리고, 기억에서

사라지면 행동할 수 없다.

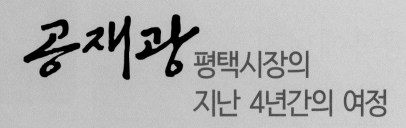

공재광 평택시장의
지난 4년간의 여정